国家自然科学基金资助(项目编号: 71272166)

TEAM MANAGEMENT

团队管理
成就卓越的基石

苗　青　编著

浙江大学出版社
ZHEJIANG UNIVERSITY PRESS

→ 前　言

　　早在 20 世纪中叶,西方管理学家发现在卓越企业中存在着一种集约、高效的人际组合。他们在共同的信念驱使下,精诚合作、彼此信赖,直到完成既定目标。当这一管理现象被发现以后,人们开始有意识地尝试"如何组建团队,如何培育团队心智,如何营造团队精神"等团队实践。在这股团队浪潮的冲击下,今天,团队已经无处不在。无论是营利性组织,还是非营利性组织(政府、学校、医院、军队、运动队、社团等)都在用心打造高效能的团队,探索和总结团队管理规律已经成了一个永恒命题。无数的事实说明,成功属于团队,而非个人。

　　团队管理的方法源于西方,但在中国却有着更为久远的团队历史和更为深厚的文化底蕴。创作于 16 世纪明朝中叶的《西游记》,就刻画了一个同呼吸、共命运的四人团队如何历尽磨难西去取经的故事。人们除了津津乐道于他们的除魔降妖,还有感于他们的能力组合和性格互补。很难想象,如果团队成员都是孙悟空,或猪八戒,又或沙僧,甚至四个唐僧,取经会有什么结果。这就是团队的精髓所在——分工协作、取长补短,以合力最大化为要旨。1981 年至 1986 年,中国女子排球队在世界杯、世界锦标赛和奥运会上蝉联世界冠军,成为第一支在世界女子排球历史上连续五次夺魁的队伍。你认为女排的成功靠什么? 毫无疑问靠的就是一种不屈不挠、吃苦拼搏的团队精神。

　　摆在读者面前的这部书《团队管理:成就卓越的基石》反映了作者近年来教学和研究过程中最想表达的心声。首先,在编写过程中力求每一章都能遵循从理念到实务的递进过程,引领读者先从概念、理论和意义出发,然后再进入实务操作环节,以解决实际问题为目标,着力突出团队管理的方法、途径和关键因素。期冀帮助读者更快、更好地了解团队精髓,开展团队实践。其次,与以往一些团队管理书籍不同的是,本书更加注重团队运作的过程,而不是一味地阐述团队的结果有多么神奇。作者坚信过程是反映团队管理本质和特色的奥妙所在。因此,在书中将团队氛围、团队压力、团队领导、团队学习等重要的团队过程概念独立成章,并辅之以大量案例作为参照,帮助读者加强理解。再次,本书还对一些团队形态做了深入的剖析,比如自我管理团队、虚拟团队和公共事务团队。这些团队因为工作方式、存在目的和服务对象的不同,有很多个性化特色,最佳的管理方法也耐人寻味。为此,作者分别开辟了三个章节一一加以阐述,有一些观点甚至还是一些前沿的研究结果,尚未得到中国管理实证,有待于读者的品头论足,以推进团队效能为共同目标。最后,为了帮助读者自行组织和评价团队,明确团队管理的现状,本书最后一章提供了一些经典的团队测评问卷以及评分体系,读者可以结合实际需要,选择在恰当的时机,对合适的对象予以诊断。

全书共有 10 章内容,包括团队概论、团队建设、团队氛围、团队压力、团队领导、团队学习、自我管理团队、虚拟团队、公共事务团队和团队测评等内容,读者可以根据自身需要,有选择性地阅读。

作者要感谢浙江大学公共管理学院、浙江大学继续教育学院等众多领导的关心支持,在"求是创新、天下为公"的治学理念鞭策下,作者动力倍增,争分夺秒,终于按时交稿。这里还要感谢作者的长辈、父母和爱人多年来给予的鼓励和关心,此书献给你们。

最后,衷心感谢在团队管理领域做出诸多贡献的海内外专家学者,正是你们的文献书籍为拙著编写提供了参考依据,文末参考文献列出的仅是其中一部分。限于篇幅,此处一并鸣谢。

由于能力局限和时间仓促,不当之处在所难免,正如团队管理所倡导的那样——知识共享、传承精髓。恳请广大读者不吝指正。

苗 青

2014 年 8 月于求是园

目 录

第一章 团队概论

一、团队的发展史

尽管团队的作用许多人交口称赞,但其实团队并不是什么新事物。团队精神可以说是人类文明史上最悠久的精神财富之一,它曾是许多国家及其文化中歌颂的主题。团队的概念也已经存在了上千年,但团队被作用于组织管理却是近期的事情。早在20世纪60年代初期,美国的宝洁公司就开始了运用团队管理的实践,但当时尚不为人知,也未引起媒体的关注。宝洁公司视团队模式为加强其竞争优势的利器,因此整个60年代都试图隐瞒这项特点。该公司认为他们对团队组织的了解是一项商业机密,因此要求顾问及员工签署不公开此机密的协定。

不过,宝洁公司的成就仍引起了一小群顾问的注意并通过非正式渠道学习到一些技巧,他们之中许多人原本是在宝洁工作的,后来由于具备这方面的独到知识和专业素养,而被招揽到其他公司发挥所长。

在20世纪70年代到80年代期间,通用汽车公司也积极地进行着团队的实践,而且并不像宝洁公司那么隐秘。通用公司执行的众多团队管理方案均相当成功,也为它后来在世界企业占据霸主地位奠定了基础。

在当时,其他一些一流的公司也对团队管理跃跃欲试,如福特汽车公司、摩托罗拉通信公司、通用电信公司和波音公司等都在团队管理领域做过有益的尝试。

到了20世纪90年代,团队成为世界最热门的话题。1989年7月10日出刊的《商业周刊》也以团队为题,撰写了封面故事。美国《财富》(*Fortune*)杂志在1990年5月7

日以《谁需要上司?》为题,针对团队管理制作了封面故事。

团队通过了时间的考验,证实了它的持久价值。它的存在,也使得工作的方式发生了根本改变。虽然团队的名称和方式可能会随着时间的改变而成为过去,但由于它对于绩效改进的作用卓著,因此其运作的基本模式将会长时间地持续下去。团队代表着一种全新的管理模式,或许将和工业革命一样具有影响力,足以反映到商业时代的新纪元,而且将影响到数十年后的工作形态。

二、团队产生的背景

(一)企业面对的外部竞争加剧

近年来,企业面临着越来越多的挑战,如激烈的国际竞争,生产成本不断升高。员工除了把工作当成一种谋生手段外,对工作的要求也更多了,再加上技术知识和资讯流通的日趋复杂,使许多公司不得不寻求新的方式,以便能更好地运用其内部有效的人力资源。

传统的人力资源管理方式大多强调上对下的控制,早期的工作和管理制度倾向于把人当成大机器中固定的一部分。组织中官僚体系把人当作可相互交换的零件,而不是独一无二的人力资源。官僚体制不强调充分利用人力资源,而偏好于维持稳定的现状。但是,维持现状与不断创新并不相容。

当国际竞争力不强,而且员工不要求权力和成就感时,由上而下的控制方式足以让组织获得成功。然而现在员工要求能够从工作中获得个人成长、成就感和尊严,再加上全球市场的出现,使得企业必须研究新特征,以应对日趋激烈的竞争。

人力资源对组织战略的发展和执行相当重要,而领导模式也已被提升到不容忽视的地位。因此,许多企业开始把人力当作值得投资的资本,而不是尽可能地压低成本。

(二)新一代管理要求的差异

20世纪80年代及以后出生的新一代,自有一套与其长辈截然不同的生活和工作价值观。他们比较难做到容忍上司,对工作的满足感较低,对于领导、管理、追求更高的组织职位、服从权威的欲望也较低。他们认为理应拥有好的工作,也希望掌握自己的命运,而且希望离职的成本可以降低。此外,他们比较不在意权威,希望追求自我表现、个人成长及自我实现。换言之,员工不只是为了填饱肚子而工作,他们要求更多,而团队可以满足他们的需求。团队能使员工有尊严,感受到自我价值,并愿意投注更大的心力完成任务,同时能使组织更具有竞争力。

一个新员工时代开始了,这些员工带着一套迥异于传统组织观念和期望踏入社会。他们相对不愿付出,对组织的忠诚度较低(当然组织对员工的忠诚度也相应低了)。他们不向任何权威低头,年轻的一代不会因为你是上司而尊敬你。他们希望知道为什么你要他们做事情,他们质疑权威,对层级观念不屑一顾。他们的竞争力强,渴求在工作中得到学习的机会和乐趣。

新一代员工的特征,加上20世纪末我国教育及生活水平的提高,对组织和管理工作形成了极大挑战。过去的传统方式无法满足新一代员工的工作要求和追求自我实现的期望,而团队却在这些方面有很好的作用。

这在世界范围内并不是什么新概念。美国《商业周刊》曾指出,企业必须重新思考工作制度以及作用于新一代员工价值观的诱因,而不是试着强迫员工配合工作设计和企业制度。新一代员工特别渴望被视为有价值、受尊重及具有贡献,并且希望获得学习、发展及影响工作组织的机会。我们相信团队比起其他工作体制而言,更符合这一标准。团队打破了传统的职阶分明、以上司为标尺的体制,提供员工自由成长及获得尊重和尊严的机会。员工在团队中的自我实现和管理,的确令人刮目相看的表现。理解这一情况很简单,如果你在21世纪还想在企业界屹立不动,最好考虑运用团队管理。否则,你会发现自己正在背离时代潮流,与新一代的员工格格不入。

(三)工作生活质量运动的结果

工作生活质量运动虽然最早出现在英国,但却在美国得到了最快和最充分的发展。这是由于工作生活质量运动发展所需要的思想基础在美国早就发展成熟了。约翰·洛克(John Locke)等关于人权和自由的思想使美国很早就有了这方面的社会实践,而且这些思想早已成了《美国宪法》和《人权法案》中的一部分。200年来,美国都在试图将这些思想传达到国家生活的每一个角落。在工作生活中,这些思想的影响很自然地就产生了工作生活质量运动。工作生活质量运动的产生还有深刻的经济背景,这主要表现为:由于发达国家人口出生率持续下降,劳动力慢慢变成稀缺资源,劳动力流动频繁,通过劳工运动,劳动者获得的权益逐渐增加等。

团队是工作生活质量运动的目标之一,团队管理是由人性化的意识形态所启发,它有利于改善员工对工作的参与,团队被看作是员工在工作中寻求满足和尊严的一种重要方式，有利于满足员工的高级层次的需要，它对于改善员工的工作生活质量有着不可替代的作用。

(四)其他运用团队的原因

团队在其他方面也有其独到之处，如：增加生产力、改进品质、降低成本、降低人事流动和旷工率、减少纷争、促进革新、增加组织的适应能力和弹性等。

从管理的观点来看，提高生产力是大多数公司执行团队制度的主因。这种制度能不断寻求改良之道，使生产力得以逐渐提升。同时，团队也经常被视为"全面品质管理"(TQM)的核心要素，特别是对一些制造业和服务行业来说。

团队还可以减少管理阶层和劳工的直接冲突。通常，成功的团队能够大幅度降低员工申诉的次数。企业利用团队管理还可以增强企业的适应能力和弹性，并促使企业快速创新。

三、团队的定义

在研究团队之前，一定要弄清楚"团队"这个词的意思是什么，因为不同的人对这个词有不同的理解。有人把它完全当作用于各种体育活动的词，在这些活动中，"教练的指导"、"个人最佳成绩"和"力争第一"成了团队的代名词；有人则想到了团队工作的价值观，如：同甘共苦、通力合作和相互帮助；有人把任何在一起工作的小组都看作是团队；有人认为任何管理人员中的分组都是团队；还有的人则主要把在婚姻关系和伙伴关系中看到的两人搭档看作是团队。

我们把团队定义为：由少数有互补技能，愿意为了共同的目的、业绩目标和方法而相互承担责任的人们组成的群体。它的基本要素如图1-1所示。

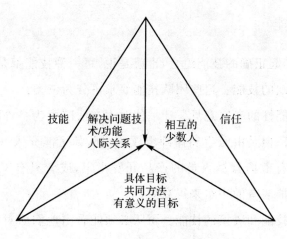

图 1-1　团队基本要素

(一)不大的规模

实际上,一般所说的团队,范围大都在 2～25 人之间。这些团队中的大多数,只有不到 10 个人。团队的规模并不是一条死规定。数量较多的人群,譬如说 50 个人或更多,从理论上说是可以成为一支团队,但是这样规模的团队很可能会再分出一些下级团队,而不是作为一个团队发挥作用。

为什么呢? 因为数量较多的人群,尽管有规模上的好处,但作为一个整体却很难相互配合而共同采取有益的行动,对具体可行的事情也常常不易达成共识。在同一个任务中,10 个人很可能比 50 个人更能成功地处理好他们各自对个人、职能和管理层级制的不同看法,更愿意为共同的结果而负责。

人数过多也有一些后勤方面的问题,如找不到足够大的空间和足够长的时间聚集到一起。同时人数过多也有一些组织行为方面的问题,如"随大流"和"扎堆"行为,那会妨碍团队成员之间在观点上的激烈交锋。人数过多可能形成多层级的领导体制,官僚低效应运而生,会滋生很多目标不统一的无序行为。同时人数过多时,协同工作的价值观就变成了联系大多数人的纽带。当协同工作的价值观崩溃时,这些组织就又回到先前的层级制、结构、政策和办事方法上去了。

因此,多于 25 人的群体很难成为真正的团队,通常不能找到真正的团队中那种共同的目的、目标、方法和责任感。而当这些人想办法找到这些东西时,他们常常只是制造出一些表面的"任务"和良好的愿望。最好的办法是将这种规模较大的团队再细分成 2～3 个精干团队。

(二)互补的技能

团队都必须培养起正确的技能组合,也就是说,每一种技能都是为完成团队的目标所必需的、能互济余缺的技能。这些团队技能要求可分为三类:

(1)技术性或职能性的专家意见。让一伙医生在法院中为一件财产纠纷案打官司,那肯定毫无道理可言;但是由医生和律师组成的团队却可能介入一件医疗事故案或个人伤害案。同样,只有市场营销人员的产品开发小组,或者只有工程师的产品开发小组,这远不及两类人群兼有的小组来得高效。

(2)解决问题的技能和决策的技能。团队必须能看出他们面对的问题和机会,对他们必须采取的后续步骤进行价值评估,然后,对如何发展做出必要的权衡取代和决定。大多数团队需要有些人员一开始时就具有这些技能,尽管许多人都是在工作中使自己日臻完善的。

(3)人际关系的技能。没有有效的交流和建设性的认知冲突,就不可能产生共同的理解和目的,一团和气的团队往往是缺乏战斗力的。但是又不能让冲突升格为情感冲突,因此高效的人际关系技能就变得十分重要。这些技能包括:承担风险、善意的批评、客观公正、积极倾听,使怀疑、支持以及承认他人的利益表达出来。

常识告诉我们,在选定一支团队时忽视这些技能是错误的。没有一些最起码的必备技能,特别是技术性技能和职能性技能,团队就不能开始起步。而且,如果不培养出团队所需要的各层次的技能,也就没有一支团队能达到其目的。那种主要根据人员的意气用事和原先在这个组织中的地位而建立起来的团队是无法获得成功的。

在组建团队时出现的另一个共同错误是对技能的过分苛求。然而,我们没有碰到过一个团队是从一开始就具有了全部所需技能的;而且我们的确发现,团队有作为个人学习和发展工具的能力。团队的业绩是重点帮助团队成员迅速找出技能上的差距和为填补这些差距所需要的具体发展;团队中同甘共苦的共识激发了绝不能失败的念头,每个团队成员对团队的个人责任感促进了学习。一旦受到共同目的和一套目标的制约,天生的个人主义就成为团队中学习的动力。除了学习某些技术性和职能性的技能,我们大都还有学习团队所需要的其他技能的潜力;而个人主义能为我们中的大多数人找到某种途径,为团队做出我们自己特殊的个人贡献。此外,只要某种技能还有潜力,团队就有能力使它发挥出来。

团队的许多长处和对团队的回报,是在人们加入团队后由个人成长机会带来的。因此,对许多潜在的团队来说,最困难的挑战是要努力找到选人和发展人之间的平衡点，以此为契机，随着时间的推移，建立起为完成团队的目的所需要的全套互补技能。

（三）共同的目的和业绩目标

一个团队的目的和业绩目标是相联系的。实际上，我们还不曾发现哪个真正的团队没有这两样东西。团队的近期业绩目标必须时刻紧密地与整体目的联系在一起，否则，团队成员就会被搞糊涂，闹分裂，或是返回到平庸的业绩行为中去。

许多团队是因企业前进道路上的一种要求而产生的，这种要求和机会通常由管理层提出。管理人员给出的方向对公司的业绩要求划定了粗略框架，从而帮助团队起步。如施乐公司发明了个人计算工具的科学家团队，是在施乐公司的董事会发出创造"信息结构"的号召后才形成的。密封材料公司的罗金厄姆团队，是管理层在减少浪费、减少窝工的过程中开始形成其目的的。

最佳团队都要花大量的时间用于在同一个目的上达成共识，这个目的既属于他们这个集体，也属于每个人。事实上，真正的团队从未停止过这种"达成目的"的活动，因为这对澄清团队成员的模糊认识有好处。由于有了足够的时间和认真的关注，人们会产生出一个或多个广泛而有意义的想法。而这些想法又推动团队前进，并给了他们更加努力工作的基本理由。

具体的业绩目标是这个目的整体的一个部分。把共同目标转变为可以衡量的具体目标，是团队要使共同目的对其成员产生意义的最必要一步。具体目标——譬如，要在比正常时间少一半的时间内向市场推出一种新产品；在 24 小时内回答所有客户的问题；尽管削减成本达 48％，却要实现零次品率，等等——由于下述几方面原因为团队提供了明确的、看得见的稳固基础。

1. 具体目标规定了一种团队工作产品

这和整个组织内的任务以及每个人工作目标的总和是不一样的。为了能行之有效，团队工作产品要求团队内的每个成员都必须通过某种具体事情做出大致相等的贡献，真正地在这一具体事情中或由于这一具体事情为公司的业绩成果增添价值。

2. 具体目标有助于团队内明确的交流和建设性的冲突

例如，密封材料公司的一个厂级团队制定了一个每过两个小时就完成一个小目标的工作计划。如果这样的目标是明确的，团队的讨论就可以集中在怎样努力实现这些目标上，或者是否需要改变这些目标上；如果这样的目标含糊不清，这样的讨论也就没有多大用处了。

3. 具体业绩目标的可实现性会有助于团队把精力持续集中在实现结果上

某一医疗器械生产公司中的一支产品开发团队,为向市场推出一种帮助医生了解病人深层静脉和动脉的探查仪作了明确的规定。这种探查仪在通过特定的生理组织深度时必须有声音讯号;必须能每天生产 100 个;还规定了一个比预计数额低的单位成本。而且,这支团队自己保证,仅用不到以往它所在部门用的一半时间就完成这个产品。由于这些目标都是可以实现的,也是可以测度的,这支团队完全知道它在整个发展进程的哪个点上,不论它是已经实现了目标,还是没有实现目标。

4. 具体目标具有指导团队行为的杠杆效应

如果一个人非要自己推倒一堵墙、翻过一座山,或是穿过一片沙漠,或是把产品的生产周期时间缩短 50%,那他一定是狂妄的,通常无法与别人协作,相互信赖,直到他发现个体能量是有限时,才真正能融入这个团队。因此,最好的目标是将团队任务和全体成员捆绑在一起,引导团队成员自发结群,促使群体合力的产生。

5. 具体目标应该允许团队在追求其目的的过程中取得一些小胜

小胜对建立团队成员的信心有不可估量的作用,还能克服阻碍实现有意义的长期目的的障碍。

6. 业绩目标具有强烈的吸引力

重大的业绩目标要求团队成员全身心投入,作为一支团队创造与众不同的结果。戏剧性的事件、紧急事件和对成功的期待形成了合力,推动着团队前进,而团队成员则把目光盯在可以实现的目标上。例如,伊莱·利利(Eli Lilly)医疗器械团队在保证用创纪录的时间把新产品推向市场的时候,统一了思想。除了团队,没有人能做到这一点,创纪录成了我们的共同理念。

7. 具体和整体目标的结合对企业业绩至关重要

团队的目的和具体业绩目标具有相互依存的关系;每一方都需要依赖对方才能站住脚,才能保持活跃。具体的业绩目标帮助团队记录进步并保持自信;而团队目的中广泛的甚至高尚的理想则能提供既有意义又有感情的动力。目的和业绩目标既有经济意义也有社会意义;既讲理性又讲情感;既注重业绩也有远大意义。

在通常的情况下,团队的理想和目的会发展为对具体业绩目标的坚持不懈的追求。然而,团队有时候要从一个能吸引人的高尚理想开始,尽力把它转变为具体的和可以实现的业绩目标。

(四)共同的方法

团队也需要形成内部共同的方法。也就是说,团队成员应该如何一起工作才能达到目的。实际上,他们必须投入和达成目的时一样多的时间和努力,来磨合自己的工作方法。团队的方法必须包括经济方法、管理方法和社会方法等各个方面。为了经济和管理上的挑战,每个团队成员都必须做"同等"数量的实际工作,而不只是发议论、做审查和发号施令。团队成员们必须在要做哪项工作、时间表该如何安排和需要发展哪些技能、怎样能得到荣誉称号、怎样分配工作、团队的方法在什么时候修正才能完成工作等一系列问题上达成一致意见。形成共同方法的核心就在于,在工作的各个具体方面以及如何能把个人的技能与提高团队业绩联系起来,拧成一股劲的问题上取得一致意见。让少数几个成员(或者团队外的员工)做所有的实际工作,并把检查会和讨论会当作唯一的"一起工作"的方法不可能维持一支真正的团队,这一点恐怕是不言而明的了。

许多团队也常常把工作的社会责任当作与业绩无关的事情。但是行之有效的团队总是会随着时间推移使团队成员承担起社会职责和领导职责,如:挑战、解释、支持、统合、记住和概括总结。这些职责有助于促成对团队的成功必不可少的彼此负责和建设性冲突。在最佳团队中,每个团队成员都要根据情况担当着不同的社会职责。结果,这些团队养成了他们自己独特的办事方法,如相互鼓励和支持、保持相互间的忠诚和承诺。然而必须强调,这些职责是为了满足业绩的需要而逐渐发展起来的。如果人们只是读了社会职责有用的说明,就觉得他们必须在一开始组成团队的时候就要配齐了"所有合适的职责",那他们就犯错误了。

(五)相互的责任

没有哪个群体在使它自己内部的成员负起责任之前能成为团队的,共同的目的和方法就是严峻的考验。举例来说,请想一下"老板让我负责"和"我们自己负责"之间微妙的,但却是重要的差别。第一种情况可以导致第二种情况,但是,没有第二种情况,就不会有团队。

"我们自己负责"的核心是,团队承担责任乃是我们对自己和他人做出的严肃承诺,是从两个方面支持团队的保证:责任和信任。通过保证要为团队的目标负起我们的责任,我们大家得到了对团队的各方面工作表达自己意见的权利,也得到了自己的观点得到公平对待和有益倾听的权利。通过遵循这样一种承诺,我们才能保持和扩展信任,这种信任是建立任何团队都必须有的基础。

大多数人对进入一个潜在的团队环境都心存谨慎。根深蒂固的个人主义使团队成员没有勇气把自己的命运交到他人的手中。对这种行为视而不见或者避重就轻,团队就不能成功；相互的保证和责任不可能用强制的办法实现，只能由人们自己相互建立。而且，相互间的责任感确有可能自然而然地成为与团队目的、业绩目标和方法的发展同等重要的因素。在弄清团队打算干些什么，怎样才能干好的问题上投入的时间、精力和行动会使这种责任感上升和增强。当人们为了共同目标一起从事实际工作时，信任和信心也会随之而来。结果是，团队在感受到强烈的共同目的和方法时，也不可避免地使他们自己，既作为个人也作为团队，承担起他们对团队业绩的责任。

因此，相互承担责任就成为一种有用的试剂，可以用来检测团队目的和方法的质量。对业绩缺少相互责任感的群体尚未形成能使他们成为一支团队的共同目的和方法。如果你看到有一些人，他们全都真心实意地为了共同的成果而努力工作，你差不多就可以肯定，他们有强烈的团队目的，在方法上也达成了共识。

四、团队建成的阻力

(一)对工作的传统看法和态度

强调团队价值不仅威胁到员工对工作的传统看法，同时也威胁到他们对生命的态度。许多人长期依赖传统式的上司或领班，因此一旦不再有上司，便深感很难适应。最近的一个例子是，一个大块头的生产线工人，在得知公司将变更为团队管理团队时，以拳头捶着桌子，说他有权利要求有个上司告诉他要做什么。

(二)不信任感

有些公司由于以往曾发生过由管理引发的风潮及劳资双方的对立，以致无法直接取信于第一线员工，特别是有工会组织的员工，因此也无法赢得执行团队管理所需的相互信任。如果管理阶层认为团队发展是一项支出，而非投资；员工认为团队制度不过是尝试要员工配合管理阶层的另一项手段，那么要转向团队管理制度，恐怕会遭到失败的命运。许多面临危机的公司或企业，之所以能成功地转向团队管理制度，是因为它们的员工和管理阶层。因此，必须借助团队的力量来抛弃传统的不信任态度，因而它们的成功并不令人感到意外。

(三)影响中阶经理人升迁的机会

对经理人而言，团队管理会使组织中层级变少、组织更趋扁平化，如此一来将影响其升迁的机会。对他们而言,原本可以为之攀登的职业阶梯一下子消失了,因此会感到被降级的风险。

(四)缺乏同情心和了解

自我管理团队的管理阶层需具备倾听、改变观点、设身处地以及改变基本行为模式的能力。如果在训练和发展人际方面的工作技巧上没有做适当的投资,团队发展恐怕进展缓慢,甚至会因此遭到阻碍。

(五)管理阶层的抗拒

向来以强迫或具威胁性的方式来管理员工的经理人,也许无法轻易接受团队的概念。毕竟,团队管理在许多方面都与传统的强硬作风截然不同。

尽管我们大家对团队这个词都不陌生,但我们对团队的认识却不清楚。因此,明确团队的发展史以及团队产生的背景资料,能为企业建立团队提供一些方向上的帮助。

团队不是从魔术中产生的;也不像大多数人认为的那样,是由个人气质决定的。相反,我们认为,通过坚持不懈地运用这里提供的定义,大多数人都能渐渐地了解团队到底是什么。

在你准备组织一个团队或为已存在的团队作评价时,希望你能想一想团队的这几个基本要素:①你们的人数是否过多?②团队内的成员是否拥有互补的技能,并在不断地学习?③团队是否有一个具体而明确的目标?④团队内有没有一套固定的工作方法?⑤团队的成员是否愿意为团队的目标负起责任?

五、团队无所不在

世界著名的肯德基企业之所以成功,经验之一就是有一支优秀的团队。在这个性张扬、共性奇缺的时代,许多企业的经营者都在大声疾呼:"我们愈来愈迫切需要更多、更有效的团队来提高我们的士气。"究竟团队是什么,传统的诠释如同 20 世纪五六十年代提出的"集体主义",一个团队就是一个集体;时髦的诠释,就是一条工作链。

有一个例子可以很好地说明什么是"团队":每年在美国的职业篮球赛结束之后,常会从各个优胜队中挑选最优秀的球员,组成一支"梦之队"赴各地比赛,以制造新一轮高潮,但是结果总是令球迷失望——胜少负多。

这是为什么呢？其原因在于他们不是真正意义上的团队,虽然他们都是最顶尖级的篮球明星,但是,由于他们平时分属各个不同的球队,无法培养团队精神,不能形成有效的团队出击。由此看来,团队并不是一群人的简单组合。真正的团队和集合体有很多的不同。例如,集合体没有共同的工作目标,而团队有;集合体没有领导核心,而团队有。但团队是统一的,这样才能协同作战,取得成功。或者简单地说,团队不是简单的"1+1=2",而是"1+1>2"。团队成员因为共同的使命感和责任感而共同努力,会产生大于个人努力总和的群体效益,而简单的集合体是"一个和尚挑水吃,两个和尚抬水吃,三个和尚没水吃"。

世界杯中大凡"进球"、"好看的球",都是"打配合"的结果,是"团队精神"的结果。即便是有名的球星也都需要配合。"团队精神"是奉献精神。人们赞扬"陪练",人们赞扬"打配合",人们赞扬球场上的"转球者",就是赞扬其奉献精神。"团队精神"也是实干精神。如果习惯于讲空话、套话,摆花架子、做花样子,或者好大喜功、做一说十,那么他首先伤害的就是内部人员的心。因为你虚干,别人就不愿实干;你说假话,别人就不好说实话。这样以虚对虚、以空对空,以假对假,团队就会变成一盘散沙。"团队精神"更是协作精神。米卢大概最清楚这其中的道理:一些看似并不强大甚至是微不足道的力量,进行最佳排列组合后,能创造出连他们自己都难以想象的奇迹。当然,要实现最佳组合,有两个问题必须解决:一是团队中的每个成员都要从大局出发,服从团队的统一安排;二是团队的领导者要尊重和爱惜每个成员。

一个组织需要能带领团队协同作战的领军人物,倡导这样一种氛围才能成功。如果没有团队合作的精神,个人的计划再精彩,可能也不会圆满实施。中国有句俗语:"一个篱笆三个桩,一个好汉三个帮",说的就是这个道理。"人以群分,物以类聚",如果将组织看成是一个完整的人体,团体就是构成人体的各类系统,如消化系统,循环系统等;个人则是组织或团队的最基本的细胞。任何人都不是孤立的,人总是生活在社会组织或群体中,并以组织或者团队的身份和他人交往,在交往过程中,形成了类型各异、规模不同的、各式各样的团队。

无论你是管理者,还是下级,学生或者是家庭主妇,几乎不可避免地都是某个团体中的一员。一些团队的形式已经渗透到了人们的日常生活中。任何一群人聚集在一起,都可以称为团体或者群体,例如,一支职业球队,学校的一个班级,同一个部门的同事,旅游团等。那么,如何从这些团体中区分出真正的团队?什么样的群体才是团队,团队和群体的真正区别在哪儿?

团队是由两个或者两个以上的人组成,通过人们彼此之间的相互影响,相互作用,在行为上有共同规范的一种介于组织与个人之间的一种组织形态。他们为了共同的目标走到一起，承诺共同的规范，分担责任和义务，为实现共同目标努力。其重要特点是团队内成员之间在心理上有一定联系，彼此之间发生相互影响。

从行为心理上来说，成员之间相互作用、直接接触，彼此相互影响，彼此意识到团队中的其他个体，相互之间形成了一种默契和关心。不论何时，不论需要怎么样的支持，成员之间都相互给予，而且他们也总是彼此协作，共同完成所需完成的各项工作，完成团队的目标。团队成员具有归属感，情感上有一种对团队的认同感，意识到"我们是这一团队中的人"。每个人都发自内心地感到有团队中其他成员的陪伴是件乐事，彼此心里放松，工作愉快。所以说，团队意识和归属感，形成了团队的深刻意义。

所有真正的团队，其队员都要有共同分担的责任，这是他们达到团队的共同目的、共同目标所必需的。世界上没有任何一个团队中的成员是不承担责任的，如果大家都不承担责任，实现共同的目标无疑是空中楼阁。请试想一下，"老板让我负责"和"我们自己负责"之间微妙但却是重要的区别。前者可以导致后者，但是没有后者就不会有团队。我们自己负责，这么一句简单的话，却道出了一个核心问题，那就是团队成员对团队的承诺，以及团队对团队成员的信任。

在我们判断一个工作小组是工作群体还是工作团队的时候，可以从目标、合作、责任、技能方面来判断和区别。在工作群体中，可能并没有明确的长期或者短期目标；而在团队中，团队的领导者运用领导力去促进目标趋于一致，使工作目标清晰明确，而且通过衡量集体绩效的方式进行考核。和工作群体相比，工作团队的成员在合作上更加积极，在工作群体中责任是归属于个人的，而在团队中，既存在个人责任，也存在共同责任。在工作群体中，个人的技能往往是随机组合的，而在团队中，团队领导为了快速高效地完成团队的最终目标，往往会挑选个人技能相互补充的成员组成团队。

第二章 团队建设

一、团队建设的五要素

对于任何企业或者组织中的一个成熟团队来说,都有五个基本要素,简称"5P",即目标(purpose)、定位(position)、职权(power)、计划(plan)和人员(people)。这五个因素的紧密结合构成了一个团队的整体框架。重点从这五个方面考虑团队建设的问题,有利于抓住问题的关键。

(一)团队目标

对于每一个企业来说,从打算开始在组织内部建设团队开始,就必须树立明确的目标,直至该团队完成使命后消亡为止。究竟团队成员是基于工作关系形成的自然团队、项目团队,还是仅仅为完成某项具体任务而组成的任务团队?团队成员能够发展成为自我管理的团队吗?这些团队是仅仅需要短期存在还是要能够持续多年?这些都是在建立团队之前必须回答的问题。但是,尽管团队的具体目标各不相同,但是所有的团队都有一个共同的目标:把工作上相互联系,相互依存的人们组成一个相互协作的群体,使之能够以更有效的合作方式达成个人的、部门的、组织的和企业的目标。

为完成共同的目标,成员之间彼此合作,这是构成和维持团队的基本条件;事实上,也正是这共同的目标,才确定了团队的性质。但是必须先有目标,才有团队。更重要的是,团队的目标赋予团队一种高于团队成员个人总和的认同感。这种认同感为如何解决个人利益和团队利益的碰撞提供了有意义的标准,使得一些威胁性的冲突有可能顺利转变为建设性的突破；也正因为有团体目标的存在，团队中的每个人才有可能知道个人的坐标和团队的坐标所处的位置。

一定要把团队的目标具体化。可以把确定团队目标的过程，比作为创建一个公司。我们看下面的例子。

如果你只是一个建议："喂，我有一个好主意！我们创建一个公司吧！"，但是"具体做什么呢？""哦！我还不清楚。不过这肯定是一个好主意。"这听起来有点荒唐吧？是的，但是很多人就是这样考虑问题的。如果还没有确定公司的经营目标，没有人仅仅因为"这是一个好主意"而仓促去成立公司。可是有些时候，一些经理人员仅仅因为相信"这是一个好主意"而组建团队。最终，使"好主意"变成了"坏主意"。

(二)团队定位

团队定位和团队目标是紧密联系在一起的，团队目标决定了团队的定位。团队是怎样结合到现在的组织结构中，创造出新的组织形式呢？在讨论团队的定位问题时，有必要首先回答一些重要的问题，例如：

- 由谁选择和决定团队的组成人员？
- 团队对谁负责？
- 如何采取措施激励团队成员以及团队以外的其他成员？

在对以上问题做出恰当的回答以后，接下来就可以制定一些规范，以规范团队任务，确定团队应该如何融入你的组织结构中。同时也可以借此传递公司的价值观和团队预期等重要信息。当然，这不仅仅是一个改造组织结构的问题，而是改造企业思维，使其成为一个能适合合作性工作的场所，让来自组织不同部分的人能够真正成为团队伙伴。这就需要深入研究传统组织结构的模式，重新审视组织结构的自身问题，给企业团队进行准确的定位。

(三)计划

计划关系到每个团队的构成问题。团队应如何分配和行使组织赋予的职责与权限？换句话说，就是团队成员分别应做哪些工作，如何做？简单地说就是对工作的计划。

一份好的团队计划要能回答以下问题：

- 团队有多少成员才合适？
- 团队必须要有一位领导吗？

- 团队领导职位是常设的、固定不变的,还是由团队成员轮流担任?
- 领导者的权限与职责分别是什么?
- 应该赋予其他团队成员特定职责和权限吗?
- 团队应定期开会吗?
- 会议期间要完成哪些工作任务?
- 预期每位团队成员把多少时间投入到团队工作?

但是我们也不可能对以上某些问题给出具体的解答。其具体的答案应根据组织本身特点和实际需要进行合理选择。需要强调的一点是:有些规模或者结构相对简单的组织应该考虑的是人员问题而不是优先考虑职权和计划问题,这样可以避免由于在决定团队如何发挥作用前选定团队成员而导致的一系列问题。

(四)职权

所谓职权,这里是指团队负有的职责和相应享有的权限。对团队职权进行界定的过程也就是回答以下几个问题的过程:

- 团队的工作范围是什么?
- 团队能够处理可能影响到整个组织的事务吗?
- 你愿意让你的团队作为主要顾问,提出意见和建议吗?
- 你希望让你的团队采取真正的实际行动,促成某种结果吗?
- 你所组建的团队在多大程度上可以自主决策?

这些问题实际上是团队目标和团队定位的延伸。解决了这些问题,就能够初步解决团队的职权问题。当然,要解决的职权问题会随着团队的类型、团队的目标和定位的不同而会有很大的差异,这些也取决于组织的基本特征,如规模、结构、业务类型等。对于复杂多变的情况,我们无法给出特定的解决方案,但是在解决职权问题时必须坚持这样一个原则:在考虑团队职权因素时,一定要分清轻重缓急。

(五)人员

构成团队的最后一个也是最重要的要素是人员因素。任何团队都是由不同的个体组成的,确定团队的目标、定位、职权和计划,都只是为团队取得成功奠定基础,团队能否最终取得成功、能否达到目标还是取决于人员的表现。因为不同个体有不同的特点,团队成员间的关系也是影响团队是否成功的因素。因此组建团队前,你要回答以下关于团队人员的问题:

- 你理解你的队员吗？
- 你需要选择什么样的人员？
- 每个团队人员都有哪些技能、学识、经验和才干？
- 团队人员的资源在多大程度上符合团队的目标、定位、职权和计划的要求？

只有了解了这些，你才能真正了解你的人员，才有可能将他们的才干发挥到最大的限度。当然，你不可能全部选择在各个方面都是十分优秀的人才作为你的队员，但是只要能够将所有的这些人才资源整合在一起并获得最大的效率就可以了。

二、群体和团队的类型

团体是群体的一种，但是又不同于群体，在介绍团队类型之前，我们先来看看群体的类型。不过我们关注的是小群体和小团队，不考虑诸如政党、种族或职业群体之类的大群体。

(一)群体分类

大多数个体属于各种类型的群体，这些群体可以有不同的划分方式。例如，一个人关心的是能否获得某个群体成员资格或被某个群体所接受，他就会将群体划分为开放式或封闭式；而另一个人是根据群体的主要目标来评估组织中的群体，他也许会将群体分为人际关系式或任务式。任务式群体是为完成某种组织目标而创立的；人际关系式群体则是为获取群体体验和社会交往而形成的群体，然而组织中的群体可能会同时满足人际关系和完成任务的需要。在组织中，人际关系式群体最常见的形式是非正式群体，它可以满足成员个人安全、自尊及归属需要。

非正式群体是从成员暂时的活动、交流和情感中发展起来的，以满足他们的社会需要为目的。非正式群体的目标并不一定和正式组织的目标有关，然而正式组织经常能通过工作环境设置。主管的领导行为以及使用的技术类型对非正式组织产生相当的影响。例如，将某些成员从一幢建筑物中迁移到另一幢就会对非正式群体产生影响。距离使非正式群体成员面对面的交流变得困难，从而引起群体萎缩或重组。同样地，一个接管新部门的主管告诉他的雇员："不听话就滚蛋"，也许会导致非正式群体的形成——成员联合起来反对主管。不少管理者认为，内聚力强的非正式群体会对组织产生负面影响。这样的管理者通常认为群体是反对权威的潜在根源，当群体与组织目标不一致时，群体就成为阻碍信息流通的因素，或者群体是压制个人生产力的一种手段。

非正式群体能为其成员提供所期望的利益（如安全感和保护）。一些群体为其成员设定产品额度，防止管理者有可能采用其中突出者作为产出标准，从而提高生产力使一些员工被解雇。非正式群体成员间能提供积极反馈，高生产力将有损员工利益的观念仍然普遍存在，并且在组织中被一些非正式群体所强化。

非正式群体也能向个人施加不被期望的影响力，这种影响力分为两个等级。首先，群体能操纵奖惩规则而迫使成员遵从其行为准则。其次，群体能限制个体的自由及成员从工作中获取满足感的方式。如果非正式群体中的某个成员没有遵从群体规范时，他会受到嘲弄或孤立。这种对待方式会威胁个人的安全、社交和自尊需要，管理者应尽可能地减少非正式群体的负效应而不是试图消除这种负效应。

因为存在两面性特征，所以组织中的非正式群体不能简单地分为积极型或消极型，而是依环境或组织所面临的各种因素而定。

在本书的大部分内容，我们要讨论如何使群体特别是团队更有效。首先，你需要了解如何认识有效群体和无效群体。简而言之，一个有效群体应具有以下基本特征：

- 其成员知道群体为什么存在，他们拥有共同目标。
- 其成员支持公认的行动纲领和决策程序。
- 其成员已经学会如何从他人那儿获得帮助并帮助他人。
- 其成员已经学会如何处理群体内冲突。
- 其成员已经学会如何诊断个体行为和群体行为过程，并增强他们自身及群体的功能。

一个群体拥有以上特征的程度决定着它的有效性。这些基本特征同时适用于正式群体和非正式群体。

(二)团队的类型

团队的类型多种多样，规模有大有小，每种类型的团队都有明显的特征。按性质分：有政治团队、企业团队、文艺团队等；按范围分：就企业而言，可以大到整个企业，或由多个企业组成的战略伙伴；也可以小到企业内部某个部门、某个小组。戴姆斯根据四种变量，即团队成员与组织内部其他成员差别化程度的高低、团队成员与其他成员进行工作时一体化程度的高低、团队工作周期的长短以及团队产出成果的类别，把团队分为四种类型：建议或者参与型团队、生产或者服务型团队、计划或者发展型团队和行动或者磋商型团队。

斯蒂芬·罗宾斯根据团队的存在目的、拥有自主权的大小，将团队分成三种类型：多功能型团队、问题解决型团队和自我管理型团队。

多功能型团队　由来自同一等级、不同工作领域的成员组成，他们来到一起的目的是完成一项任务。多功能型团队是一种有效的方式，它能使组织内（甚至组织间）不同领域员工之间交换信息，激发出新的观点，解决面临的问题，协调复杂的项目。当然，多功能型团队不是构成多样、组织松散的俱乐部，在其形成的早期阶段往往要消耗大量的时间，因为团队成员需要学会处理复杂多样的工作任务。在成员之间，尤其是那些背景不同、经历观点不同的成员之间，建立起信任并能真正的合作也需要一定的时间。例如，在 20 世纪 60 年代，IBM 公司为了开发卓有成效的 360 系统，组织了一个大型的任务攻坚队，攻坚队成员来自公司的多个部门。任务攻坚队其实就是一个临时性的多功能型团队。

问题解决型团队　在团队刚刚盛行时，多数团队的形式很相似，这些团队每周用几个小时来碰碰头，讨论如何提高产品质量、生产效率和改善工作环境。在这种团队里，成员就如何改进工作程序和工作方法相互交换看法或提供建议。在问题解决型团队里，团队的主要责任是通过调查研究，集思广益，理清组织的问题、挑战和机会，拟订策略计划或执行计划，但是对调动成员参与决策过程的积极性方面略有不足。

思考一下这样的一个案例：一名咨询师被要求来解决小群体中的人际关系问题并把他们塑造成一个有效的问题解决型团队。

戴芮·雷（Danel Ray）是一个工作团队发展方面的专业咨询师。他回忆起一次令人难忘的工作经历：一个由五个黑人男子和五个黑人妇女所组成的所谓的"团队"，他们负责保险信用卡的加工，与一家财政服务公司的合作。"他们在一起时矛盾四起"，尽管期望能管理自身，但这个团队的成员还是发现在一起工作几乎不可能。双方相互憎恨、攻击和不负责任。合作与交流——成功团队的标志，他们都不具备。

戴芮·雷作为问题解决团队的促进者，进行了为期 3 个月的干预，让成员显露其不同之处。在历时 3 小时的课程中，戴芮·雷说："有很多叫嚷声。"但一旦他们表达了相互间的顾虑、成见和想法后，他们就能着手从事手边的商业事务。一个月后，经过几次特殊的团队集会，生产力显著上升，一些成员在工作后有社交往来。随着人际氛围的改善，戴芮·雷的干预不再需要了。

自我管理型团队　一个自我管理的团队是怎样的呢？一般而言，团队成员学习广泛的相关技艺，这被称作是多才多艺。这样一来，成员们就能灵活地从一个领域转到另一个领域，从一个任务转到另一个任务，他们供职何处取决于哪里最需要他们。他们共同就工作进程、资源需求和任务分配等进行决策。随着成员极富进取精神地肩负起以前由经理担任的工作,花在团队会议上的时间大大增多了。自我管理型团队开始负责某些小事,比如内务工作和安全培训。随后,他们开始管理自己的考勤,安排加班和休假计划,选择并考核团队员工,培训同事,参与同主要客户直接打交道。随着经验的增多,这些团队可能甚至超越操作性的事项,开始改进群体的任务安排,勾勒一套新的奖励体制,并为扩张计划提供建议等。

自我管理型团队也称作依靠自我或者是自我指导的团队。他们是自然形成的工作小组,被赋予了很大的自主权;反过来,他们被要求控制自己的行为,取得重大的成果。集计划、命令、监督和控制行动的授权和培训于一身,使这些团队与许多其他类型的团队迥然有别。他们拥有广泛的自主权和自由以及可以像经理般的行事能力。可以说自我管理型团队是一种真正独立自主的团队,他们不仅探讨问题怎么解决,并且亲自执行解决问题的方案,并对工作承担全部责任。这种类型的团队通常由10~16人组成,他们的工作是聚集在一起解决一般性的工作问题,承担以前是由自己的上司所承担的一些责任。一般来说,他们的责任范围包括控制工作节奏、决定工作任务的分配、安排工作休息。彻底的自我管理团队甚至可以挑选自己的成员,并让成员相互进行绩效评估。自我管理型团队也被称为高绩效团队,跨职能团队或者超级团队。目前,像我们所熟知的通用汽车公司、百事可乐、惠普公司和施乐公司等,实行的都是自我管理型的团队。

为了压缩时间获取收益,一个公司的自我管理型团队应该具有以下特点:

- 由公司中不同部门的人员组成。
- 小型化,因为大的队伍会产生沟通问题。
- 自我管理并赋予权利,因为征求组外人员决策的意见,会浪费时间并且经常使决策变得拙劣。
- 多功能化——如果不是唯一的,那就是最好的方式。

美国汽车厂家的管理部门与其工会工人之间,有着长时间的冲突。冲突经常是暴力的,破坏性的。然而在通用汽车公司的一家具有创新性的附属公司——萨杜恩公司(Saturn Corporation),每个雇员都至少属于一个团队。在生产流程中,雇员的自我管理型团队可以对训练、雇用、预算及作息安排等问题做出决断。每一个团队由5~15名工人组成,他们实行自我监控,而并非由局外人来监控。团队帮助并改善了管理部门和工会工人之间的冲突局面,使管理部门和工会工人走向合作。虽然仍然会不断产生意见上的分歧,但是工会主席麦克尔·贝内特(Michael Bennett)认为:"矛盾仍然存在,但是其处理方式不同了,矛盾不是敌对的。团队有利于找到更好的解决方法和更好的观点,是值得提倡的。"

管理部门越来越愿意放松对权利的管制,并把他们转移给工人。因此,越来越多的自我管理型团队面临着挑战,并对公司的成功做出贡献。事实上,许多公司未来的成功在很大程度上将取决于成功地补充自我管理型团队。

应用自我管理型团队的群体有几个优点:

- 增进了成员的灵活性。
- 工作分类减少,操作效率提高。
- 缺勤率、离职率降低。
- 高水平的群体忠诚度和工作满意度。

相反,这种方式的不利之处包括:

- 需要一段时间去建立(经常需要用几年)。
- 较高的培训投资。
- 由于工作循环导致的早期效率低。
- 一些成员无法适应一个团队结构。

自我管理型团队是关于团队合作和成功的参与方法的组织行为学知识在运用中的一个有力的例子。结果是,他们可能因为若干理由而在群体中得到更多的运用。作为一个正式的方法,他们不可能失去群体的支持;他们经常直接包容了百分之百的劳动力;他们在许多方面拥有绝对的权威;而且他们是长期结构(不只为某一事件特设)。然而,公司发现需要几年时间才能使团队充分发挥潜力。强调个人主义的文化价值观会从中作梗,劳动合同保护的僵化的工作分工也会成为障碍,并且经理们将受到失去工作和权力的威胁。

自我管理型团队的影响力是巨大的。他们能提高30%或更多的生产力并且极大地改善产品服务质量。他们从根本上改变了工作的组织方式,使更高水平的领导实践成为可能。一种高水平的团队授权经常通过自我管理团队得到实现,自我管理团队将减少一至两个管理层,因而产生了扁平式的组织结构。

联合食品公司的自然食品连锁店,有多达1400名雇员和90家商店。这是一个非常成功的组织。它关键的组织方式和管理哲学是运用授权的自我管理团队。

联合食品公司文化以分散的团队工作为前提。它超越等级构成了行动的单位。每个商店是一个利润中心,一般有10个自我管理团队——涉及生产、杂货、成品等方面——有选定的领导和明确的行动目标。每个商店中的领导是个领导团队,每个地区的商店领导也是团队,公司的六个地区主管同样是团队式的。

该公司文化以对生产力的共同承诺感为特征。雇员的参与加强了个人对绩效和利润的关注，坚实的财政基础使员工有更多创新自由。公司运作遵循以下三大原则：

第一个原则是：所有的工作都是团队工作。每一个加入联合食品公司的人迅速地将团队工作放在首位。那是因为团队——只有团队才有权力赋予新雇员全职工作。由商店领导者考察每个候选人，然后将他们推荐给某一特定团队。必须通过团队成员 2/3 投票同意并经过 30 天试用期，候选人才能成为全职雇员。团队成员对新雇员严格要求还有另外一个原因：钱。公司的分配程序将奖金和团队绩效结合——特别是和每个员工每小时的销售量（最重要的生产力指标）相结合。民主强化了以下原则：若对那些不合格的人投同意票，你的奖金在数月内也许会减少。有效团队的首位要求是信任。在联合食品公司，建立信任是从对新员工的投票开始。另一个因素涉及工资。信任（团队成员间及成员和领导间）是通过排除主要的不信任源——捕风捉影来提高的。每个食品商店都有一本手册，列入上一年每个员工的工资及奖金。

第二个原则是：对任何值得做的事情进行评估是有价值的。联合食品公司将这一简单原则发展到极致——评估结果公司成员人人分享。首席执行官约翰·麦克（John Mackey）称之为"无秘密管理哲学"。他指出："在大多数公司中，管理层通过控制信息达到控制员工。通过分享信息，我们处于同一战线。"例如，团队提供每天的销售量数据，并将此同上一年这一天的数据相比。每月一次，商店将获得有关利润的详尽信息。这个报告分析销售、产品成本、薪水以及所有商店的操作利润。因为这些数据是敏感的，他们不会公开张贴。但对于公司成员来说有获取的自由。而且商店管理者定期和团队领导回顾这些数据。这种报告对团队是必不可少的，它有助于进行用人、订购、价格决策——这些都是决定利润的因素。

第三个原则是：成为你自己最有力的竞争者。"一人拥有"并不是指自满。联合食品公司对责任感非常在意。团队被期望设置挑战性的目标并达到它。责任感并不意味着官僚监视。

在联合食品公司，行为表现的压力来自于同伴而不是上级，并且它以一种内在的竞争形式出现。团队同自设的销售目标、成长和生产力目标竞争；他们也同本店的其他团队、不同商店或地区相似的团队竞争。这种竞争是为什么行为信息是如此重要的一个主要原因，它已成为每个团队以其他团队来评价自身的标尺。

机能团队　还有一类团队是机能团队，通常指每天在一起从事相关事物和任务的个体集合。机能团队经常存在于机能部门中——市场、生产、财务核算、人力资源等。在人力资源部中，又有一个或更多的机能团队——招募、福利、安全、培训与发展、工业关系等。招募团队负责为企业招揽到任务可靠的人才队伍；福利团队负责定期为员工发放劳保用品和清凉饮料等；安全团队负责宣传培训安全生产管理法规与制度，让员工安全操作，主管切实承担监管责任；培训与发展团队负责对员工职业生涯的培育和开发；工业关系团队负责调解和理顺劳资关系，保护妇幼残员工的利益。

虚拟团队　虚拟团队是指一群在不同地域的个人，他们通过一个或更多项目上多样的信息技术进行合作。团队成员可能来自一个组织或多个组织。以建造波音 777 时广泛运用的交叉机能团队为例：许多这样的团队发挥了虚拟团队的机能，因为他们的合作成员来自于供应商（如 GE 公司）和客户（如美国航空公司）。以及那些主要是同一组织成员构成的、通过人与人之间亲自接触的团队不同，虚拟团队跨时间、跨地区甚至跨组织地工作（成员来自不同组织）。

虚拟团队的核心特征是目标、人和联系。目标对任何团队来说都是重要的，对虚拟团队来说更是如此。明了、精确、完全同意的目标是虚拟团队的黏合剂。等级制度，包括主管任命和解雇人员的权力，在有效的虚拟团队中应尽可能减少。

正如在所有团队中一样，人在虚拟团队中处于核心地位，但也会存在某些独特的扭曲现象。当和其他人合作时，每个在虚拟团队中的人需要自主权和独立性，这种两难性要求团队成员间建立信任机制。一个虚拟团队最显著的特征是用以联系成员和实施任务的一系列技术。虚拟团队越来越普遍是因为电脑及电讯技术的飞速发展。

在虚拟团队运行中，三大类技术经常被用到：桌面视听会议系统（DVCS）、合作软件系统和网络系统。虚拟团队仅用电子邮件和电话系统就能工作。然而，桌面视听会议系统重塑了传统团队面对面交流的某些方面。这种技术使得成员间更为复杂的水平交流成为可能。DVCS 是一种相对简单的操作系统。在电脑显示屏上安放一架小型相机作为系统的电脑录影设备，声音通过一台移动通讯和麦克风设备传递。同其他团队成员的接触是通过使用者电脑中的软件控制。DVCS 为两种类型的团队沟通创造潜在可能性。

• 所有团队成员通过会议相联系。现有的技术使 16 个成员的团队能同时使用视听设备，因此每个参与者在自己的电脑显示屏上都可以听见和看见其他 15 个成员。

• 在会议桌上的成员能和更多的不在场的团队成员交流，并使用外在资源。当然，个体交流所用的 DVCS，同样也允许成员以传统的电话方式与外在群体接触。

除了提供视听设备外，大部分 DVCS 能让使用者在相互联系时分享信息。例如，使用者能同时利用相同的文件，分析数据或在共有的白板上提取观点。白板是一个电脑程序，当有人在工作时，它能让其他网络使用者在屏幕上看到他的工作内容。这种白板类似于粉笔和黑板的功能。

合作软件系统（群体支持系统）是虚拟团队使用的第二类技术。有效合作需要团队成员既能相互影响又能彼此独立。合作软件系统的设计是为了扩大活动类型和培育团队工作的类型。例如，莲花软件，一种风行的合作软件产品，是专门为非同时的团队工作（如不同时间工作或独立工作的团队成员交流和数据分享）所设计的。它包含计划、电子信息和数据文件分享。尽管莲花软件及类似的其他软件在传统的工作环境中能支持团队工作，但它们对授权的虚拟团队运行更为重要。

网络系统是第三类主要的团队工作支持源。组织利用网络优势传递信息，加强成员交流，所有这些又能保持系统的安全性。虚拟团队通过网络获取文件、视听及数据资料。网络系统还能使虚拟团队的利益共有者——供应商和客户以及组织的其他成员时刻关注团队的工作进程。

下面我们以三个成功的跨国虚拟团队为实例，来说明如何以一种全球战略眼光来看待特定问题。只有这样才能思考问题，适时适地采取行动。

柯达（Eastman Kodak）公司利用了一个虚拟团队为欧洲市场生产了一种单一用途的照相机。虽然这种新产品的功能类似于已投放市场的那些产品，但柯达想改善产品的外观及某些特性从而特别吸引欧洲客户。两名德国工程师加入设计小组，先是在纽约的罗彻斯特，后来通过电脑及通信设施直接与德国连接。通过创立时空独立机制的虚拟团队，柯达对区域市场的机遇做出迅速反应。

天腾电脑（Tandem Computers），1999 年成为康柏电脑天腾电脑分公司，由于一项紧急任务，从英国伦敦、日本东京和一些美国城市中招募了一批信息系统开发者组成一支虚拟团队。计划打算将工作从一个时区传到另一时区，因而程序编码是由伦敦的开发者完成的，在美国进行测试，又在东京矫正错误。当伦敦开发者着手第二天工作时，另一个轮回开始了。这种方式使这一项任务一天 24 小时都有人在关注它。事实上，对于天腾的虚拟团队而言，太阳从来没有沉落。

英特尔（Intel）公司为许多项目都启用了虚拟团队：如特殊产品的开发与销售，新产品开发，制造微处理器零件。来自于美国公司总部、爱尔兰、以色列、英国、法国和亚洲的成员迅速地由电子通信设备构成虚拟团队，完成工作后即解散。当有新项目时，许多其他类似的团队又重新形成。

三、团队角色

团队角色,指的是团队成员为了推动整个团队的发展而与其他成员交往时表现出来的特有的行为方式。梅雷迪斯·贝尔宾(R. Meredith Belbin)发现了八类能对团队做出积极贡献的角色:董事长、塑造者、资源调研员、楔子、团队工人、公司工人、监听评价者和完成者。每一个角色的性格特征都很独特。

- "团队工人":喜欢根据别人的建议去处理事情,能够弥补别人建议或者提议的不足,能够促进成员之间的交流,培养团队精神。
- "资源调研员":善于对团队外部的观点、资源和变化进行调查研究,然后进行汇报,建立对团队有益的外部联系,进行相关的谈判。
- "塑造者":能够塑造团队工作的方式,使大家注意团队的目标和首要任务,总想使团队讨论和团队行为的结果有一定的模式和形状。
- "楔子":特别关注重大的问题,喜欢想一些新的主意和新策略,总是在为团队寻找解决问题的突破性的方法。
- "监听评价者":善于分析问题,评价各种想法和建议,能保证团队做出合理的决策。
- "董事长":不是指传统意义上的董事会中的董事长,作为团队角色能通过充分利用团队资源来实现团队的目标,应该知道团队的长处和弱点;能保证每一名团队成员的潜力得到充分的发挥。
- "公司工人":能将头脑中的一些想法和计划变成实际的行动,能够高效、系统地执行大家一致同意的计划。
- "完成者":能保证团队不会轻易犯疏忽性错误,总是在内部寻找那些需要特别细心的工作,能使团队始终保持一种紧迫感。

上述八类团队成员可以两个两个地分成四组,他们是:谈判者(资源调研员和团队工人)、经理工人(公司工人和完成者)、知识分子(监听评价者和楔子)和团队领袖(董事长和塑造者)。这四组管理人员就是整个管理界的基石,无论是什么样的管理团队都是由他们经过各种组合以后形成的。资源调研员是富有创造力的谈判者,团队工人是团队内部的润滑剂,公司工人是高效的组织者,完成者是准时完成任务的保证者,监听评价者是分析问题的专家,楔子是独创性的源泉,董事长是团队的控制者;而塑造者是苛刻的工头,他会在团队需要严格的控制时发挥作用。如果一支团队内部能够拥有这些类型的成员,那他就是成功的。

分配这些角色往往需要高超的团队领导技能。实际上,在团队中往往会有一人承担多种角色的情况,类似于"身兼数职"。我们要从每个角色所要求的能力和所承担的工作量来判断是否合理,只有当每一个成员都能满足所承担角色的要求,同时,整个团队的工作量也适当地分配到每个人身上的时候,团队才能高效、稳定地运作起来。

四、团队规范

在介绍团队规范之前,我们先看一个例子。

第二次世界大战期间,美国家庭主妇一般不喜欢用动物内脏做菜。由于当时食品短缺,政府当局希望说服她们改变态度。勒温做了如下实验:首先将被试的家庭主妇分成 6 个小组,前三个小组听讲解人劝说,介绍这种菜的味道如何如何好,营养价值如何如何高,并且每人还能得到一份食谱;后三个小组被告知团队规定今后必须用动物内脏做菜。一周以后,检查发现,讲解组中仅有 3% 的人改变了态度,而团队规定组中却有32% 的人改变了态度。现实也是如此,有时仅靠苦口婆心的说服教育无济于事,而用纪律和规范等强制方式,能迫使人改变态度和行为。

所有团队都有自己的规范。所谓规范,就是团队成员共同接受的一些行为标准。其目的是为了鼓励对团队成长有益的行为,规避有害的行为,让团队成员知道自己在一定条件下,应该做什么,不应该做什么,从而提高团队的自我管理、自我控制能力。从个体的角度看,团队规范意味着在某种情况下,团队对一个人的行为方式的期望。团队规范被团队成员认可并接受之后,就可以成为以最少的外部控制影响团队成员行为的手段。

团队规范,是指团队的价值观念与行为规范,属于群体规范的范畴。在组织要素中,分别通过成员和目标反映出来。团队的运作特别强调合作,贡献和共享。而且整个过程体现为自我管理与相互协调,所以,一套规范对它就显得尤为重要。

弗里德曼(Feldman)认为,群体规范具有四个功能,而且每个功能都有助于确保群体成员之间采取积极一致的行动。其中,第一种功能是它具有表现群体核心的最重要的价值的作用,据此,群体成员可以指导自己的行动,并指导自己和群体外部人的关系;另一种功能是它有助于一个群体界定哪些是成员间的适当社会行为,从而有助于人员的社会交往。

谢恩(Schein)后来证明,群体规范分为两种:核心规范和边缘规范。核心规范表达的是有关工作性质的最重要的核心观念;边缘规范则是有关一些小的问题如何处理方面的常规范式。在此基础上,谢恩认为,有些人是那种非兴奋型但可靠的人,他们遵守所有的规范;有些人只是遵守核心规范,而拒绝遵守不适合自己的边缘规范,这些人是具有创造性的个体;有些人接受边缘规范,却不接受核心规范,处于"颠覆性的叛逆"状态;第四类人对两类规范都持排斥态度,他们完全采取和组织处于公开的对抗态度。

团队的核心规范应是团队的共同任务,而且互相依赖,它鼓励那些高效、全面的工作行为。以任务为指导的互相交往,工作中的相互支援及协商式的解决方式,也是团队规范鼓励的行为。至于边缘规范,团队规范不太强调,在某种程度上代表了自由化的倾向。

所以,那些遵守核心规范而拒绝边缘规范的人是团队最易接纳的人,而且也是最适合团队工作的人。而那些遵守全部规范的人,除非有较强的能力和创造性,否则并不会受到团队的欢迎。

规范的热炉法则。"热炉"指的是规范应具有热炉子一样的烫手效益。包括四项基本内容:

• 预先警告,即有言在先,达成共识。火炉烧红了是明摆着的,任何人都知道不能碰。在任何单位中都应该有这样一个"热炉"——健全的规章制度。它对各个岗位上的员工该做什么和该怎么做,都做出明确的规定。同时,对在各个岗位上的员工谁负责去检查,检查的结果用什么来记录等,也要做出明确的规定,最后是如何给予奖罚的问题,在什么情况下奖,在什么情况下罚;怎么奖,怎么罚,也都要做出明确的规定。

• 言出法随,即不碰不烫,一碰则烫,哪儿碰烫哪儿。人不犯我,我不犯人,只要你不去碰它,它绝不会跟你过不去。但是,只要你一碰它,它马上会烫你。而且,"热炉"是很讲"政策"的,它只烫你碰它的那部分,而不会烫你的别处或者你的全身。也就是说,实事求是,就事论事,对事不对人。

• 一视同仁,即谁碰烫谁,不讲情面,对谁都一样,和谁都没有"私交",对谁都不讲"私人感情"。王子犯法与庶民同罪。

• 前后一致,这是真正的公平,第一次就烫得厉害,不存在下不为例之类的事情。既然有言在先,那就要言行一致,言而有信,前后一致,使结果永远相同。

五、团队发展阶段

在一个组织中组建团队有两种可能:一是建立以团队为基础的组织,就是以团队作为整个组织运行的基础;二是在组织有限的范围内或者在完成某些任务时采用团队形式。

无论你在团队中是作为领导还是作为成员,为了更好地发挥作用,知道所有团队都要经历几个发展阶段是很重要的。这些阶段将导致团队内部动力的改变以及团队成员关系的变化,而有效团队的领导行为也要调整。在这部分,我们概括了从团队组建到成熟阶段整个团队发展过程中的四个阶段以及团队任务完成后的整休阶段。

为使我们的团队更有效、团队成员从团队中得到更多的利益,团队必须经过前三个阶段的不断前进才能达到第四个阶段。在每一个独立的阶段,都会有独特的挑战,只有诊断出这种挑战并且控制和制服挑战,团队才可能逐渐成熟并且变得更有效。对于每一个阶段来说,我们首先要确认团队成员所面对的主要问题,然后再确认团队领导的反应以保证团队能顺利发展。

有效团队的形成并不是自发的。在团队发展过程中,将出现各种导致失败或成功的情况。为展示这些情况,我们提供了一个团队或许会经历的基本发展序列:形成阶段、规范阶段、震荡阶段、运行阶段和整休阶段。在每个阶段,工作和社交相关行为的类型是变化的。无论是团队领导者还是团队成员,都需要理解这些发展阶段,理解团队的发展进程,因为它们都能影响到团队的有效性。在以下内容中,将会描述在每个阶段中可能发生的行为。当然,团队和群体并不一定都会发展出同模型描述完全相同的特性,因为不同团队的成长过程可能是不一样的。

(一)形成阶段——混乱中理顺头绪

在形成阶段,团队的任务是熟识团队成员,建立相互间的关系和信任,了解团队目标和团队界限。在这个阶段,团队领导需要给出清晰的方向。团队成员往往为完成自己的任务而关注于明确目标和实施过程。团队在该阶段的发展包括彼此熟悉,领会领导意图,明确各自角色。在社交行为方面,应当处理好大多数成员的感知和过分依赖于某几个成员的倾向问题。此外,每个团队成员会:①控制情绪直到他们了解全部情况。②不同于一般的谨慎行动。③对施加于他们的要求感到困惑。④优雅、礼貌或者至少没有敌意。⑤试图判断个人加入团队后的得失情况。

考塞特(Cassette)和欧考尼(O'Connor)调查了合作软件系统对于两个公司团队的发展和运行的影响。他们的发展阶段模型提供了观察团队建设的视角,他们研究的特点之一是考察了公司团队解决实际问题的情况。他们是幸运的,因为他们所接触的公司上层领导和他们一样对研究结果感兴趣。这种兴趣使得研究者借助会议记录、个人访谈等,能深入细致地考察团队工作而不受阻碍。如果一个团队从一开始便使用合作软件系统,而另一个相同的团队发展到一定程度后再使用。结果调查人员发现两个团队的发展和运行极不相同:一开始就使用合作软件系统的团队在每个发展阶段都比另一个进步更快,特别是在震荡阶段。考塞特和欧考尼认为,合作软件系统能帮助群体形成一个良好的开端,不过只有在群体认为手边的任务不能缺少合作软件系统的情况下才会形成。

(二)规范阶段

在规范阶段,团队的任务是营造团结和凝聚的氛围,区分不同的角色,清楚团队成员的期望,增加责任感。团队领导要提供支持性反馈和树立清晰的有激励作用的愿景。团队行为发展为信息分享、接受不同选择、积极地进行一些需要妥协的决策。在这一阶段,团队成员制定团队的操作规划。社会行为集中于移情、关心以及情感的积极表达从而产生一种凝聚力。合作与责任分担在团队成员中日渐普遍。

规范的作用是多方面的,首先,它是社会群体得以维持、巩固和发展的支柱。规范越能被群体成员一致接受,则群体成员之间的关系越密切,群体越团结。其次,规范对成员具有约束功能,主要表现在团队舆论中,当某个成员的行为举止与规范相矛盾时,多数成员会对他做出一致判断,这种带有情绪色彩的共同意见,对个人造成舆论压力而对其产生约束,有时当个体行为出现失误,这种规范便具备了矫正作用。

(三)震荡阶段——狂风暴雨期

在震荡阶段,冲突逐渐显现,反映在工作行为、目标的相对优先次序、责任分配、领导关于任务的引导和指示等方面。人们的行为是混合了敌意表达和强烈情感。本阶段的主要矛盾是竞争领导角色和目标冲突。一些成员会退缩使自己远离这种紧张情绪。本阶段的关键是控制冲突而不是压制或放任,团队成员如果走向这两个极端,那团队将不能有效地成长到第四阶段。在团队成员试图表达自己的不同情绪时,压制冲突将可能产生痛苦和憎恨,并持续很长一段时间;放任则导致团队失败。

如果成员从一开始就使用一种团队建设程序,这个震荡阶段可能会缩短或避免。需要对这个程序包括决策发展,人际和技术能力的发展,团队建设的促进者能够帮助团队成员克服在每一阶段中呈现的冲突。

列维·施特劳斯(Levi Strauss)公司几年前即在工厂中实施了一种团队系统,即以团队激励体制代替以个人计件为基础的激励体制。在新系统中,10~35人一组的团队形成了。团队成员轮流工作,生产牛仔裤或休闲裤。成员的报酬建立在团队产量之上。如果一些团队中成员的技术和动机是同等的,那么这种激励方式是奏效的。但是,在更多的情况下,团队发展到震荡阶段就停滞不前了。一旦技术水平高的成员同技术水平低的成员之间产生矛盾,就会损伤团队士气并引发内部斗争,威胁和侮辱随时可能发生。当工作快的员工试图排斥速度慢的员工时,长期的友谊也就结束了。"你会听见很多吵闹声,工作长时间没有进展。"裁缝女工玛莉(Mary Farmer)回忆道。都伯维尔(Deborah)——一位曾经是多克比(Dockers)工厂的团队指导者补充道:"每个女工每天都卷入此类事情。"在很多案例中,熟练——定义为每小时生产合格裤子的数量——开始时下降为组建团队前产量的77%,几年后又恢复到93%。

在先前提到的考塞特和欧考尼的研究中,他们开始的时候考虑到广泛使用合作软件系统可能会增加团队成员冲突。然而,研究结果正好相反。使用这种技术减少了成员冲突次数以及解决冲突的时间,特别是在震荡阶段。

(四)运行阶段

在运行阶段,团队面临着不断地进步、革新、速度和核心竞争力的资本化。团队领导的任务是发动团队成员的创新观点,组织执行力培养超常的绩效。团队成员显示他们如何熟练并有效地达到目标。每个成员都接受和理解自身角色。成员也已学会如何独立工作,如何相互帮助。团队在运行阶段后会分化,一些团队会继续从经验中学习和得到发展,变得越加成熟和有效。而另一些——特别是那些没有形成成熟和高效规范的团队——仅仅在维持生存面上运行。过分自我倾向的行为,不利于形成成熟和高效的团队规范,糟糕的领导或其他因素都会降低生产力。相比较而言,在联合食品公司中,自我管理的团队兼顾了成员参与、领导授权、信息分享和长期激励机制等因素,这些都有利于运行阶段。

(五)整休阶段

在这一阶段,工作行为结束,社交活动松散。一些团队,比如那些在6个月内为了调查或报告某个特定项目的问题解决型团队或机能团队,也就有了足够的整休理由。回忆一下在团队类型中所提到的柯达、奔腾和英特尔公司的虚拟团队特征:所有都具有整休的理由。其他团队,如3com公司的机能团队和联合食品公司的自我管理团队,也许会无限期地存在下去。但如果上层管理者决策调整现有的团队体系,那么它们也将要整休。就关系倾向行为而言,当团队成员离职或再任命时,某种程度的整休便发生了。

尽管以上把一个团队的生命周期划分为5个连续过程,但现实中却很难区分出明显的分界点,关键还是要把握团队发展的关键行为要素。

六、团队工作的十一个陷阱

前边介绍了团队的一些基本概念和特征,现在来检查一下你对团队的认识。请判断下面的句子是否正确:

(1)团队需要一个强硬的领导,即使领导者对团队成员有一定程度上的胁迫。

(2)只有在所有的团队成员都能够参加的时候,团队才是合适的。

(3)单个团队成员必须做他们认为对的事情,即使事情是和团队决定相矛盾。

(4)要达成一致意见经常需要太多的时间,并且经常会导致少数服从多数的结果。

(5)几个团队成员同时讲话是团队健康的表现,因为它表明团队是有活力和积极的。

(6)团队领导应该花时间为团队成员建立明确的角色。

(7)对于一个团队来说,如果没有清晰的目标,要想取得成功是很困难的。

(8)当团队能够避免矛盾时,团队就越成功。

(9)一个团队应该设置固定的开会时间,用来了解团队成员的心情和人际关系。

(10)在真正有效的团队,团队成员之间有彼此的个人喜好。

(11)一旦一个团队建立了一种工作的模式,那么花时间去改变它是低效率的行为。

我们对任何事情都会做出一定的假设。你是否意识到你在团队工作中的基础性假设是什么?上面的调查可以看成是你对团队的假设。

促进团队工作的最大困难,就是这儿很少有不是黑就是白的绝对的答案,大部分的答案都是灰色的,都是介于正确和错误之间的,是要根据具体情况来判断对还是错。

你对于上面的问题有哪些选择了正确,有哪些选择了错误?上面所有的问题都没有绝对正确的答案,如果说有,那就是"不确定"。因此,如果你认为你的答案绝对正确或者绝对错误,那么你应该回头重新看这些题目,试着从另一方面来考虑问题。就是这个"不确定"给团队工作带来的困难,但是它也可以检测团队成员从反面看待问题的能力。正如我们前边所说的,在团队工作中,很少有恰好的回答。

现在让我们来看看这些"不确定"的答案。

问题 1　当然,团队领导不能胁迫团队成员。然而,虽然它听上去是如此错误,但是这儿还有问题的另外一面。你是否曾经看到某人被另一个人训斥,特别是当他戴着领导的头衔时?

在这句话中有一个词"强硬",这个词可以解释成很多意思。强硬的定义依赖于每个人的背景和经验。有些人把强硬作为一个领导者的积极特征。例如,当面对困难时不折不挠,敢于承担风险,率领众人坚持到底。有些人把强硬作为一个消极品质。例如,当团队需要分享时,全体却专断决策,忽视采纳众人意见,甚至在碰壁之后,还不回头,固执己见。

问题 2　其实这是一个小小的圈套。这个问题可以产生很多的相关问题。经常开团队会议吗?会议的目的是什么?团队是否要做出关键的决定?为什么有些人缺席?如果会议的目的是做出一个重要的决定,团队必须考虑:这个决定是否需要现在做出,是否需要知道缺席成员的态度,是否做出的决定会影响到缺席人员。

让所有的人参加所有的会议,这是不大可能的。但是,在决定开会之前,你必须提前考虑到会议上会发生什么,对缺席人员会有什么影响。你也必须考虑如何和缺席人员沟通、交流发生的事情。一种很出色的沟通的方法,就是参加会议的团队成员传递给未出席会议的成员。团队可以指定或寻求一个志愿者来做这件事,并要求这个人做详细的记录,而对于和缺席者有特殊利益关系的讨论将给予更多的注意。

问题 3　乍看上去,你可能马上就说"错的"。当然,团队其他成员不能做和团队决定相矛盾的事情。如果团队成员可以这样做,那么你根本就不可能拥有一个团队。

如果团队正在做出的决定是不道德的、没有逻辑的或者是危险的,情况又会怎么样呢?团队成员是否要牺牲自己的价值观?这些都是很难回答的问题,也可以作为揭示团队工作是如何困难的例子。

问题 4　多数人的意见总是最好的吗?(正确?还是错误?)答案是这是错误的。把多数人的意见作为决定,会产生一个看似"水到渠成"的决定。但是一个有100%支持的决定一定要好于没有人支持的一个完美的决定吗(如果有这种事情存在的话)?

达成一致意见的确需要时间。因此,任何团队都需要精心准备如同在有限时间里共同讨论,而不是忙于应付或干脆旁观。

问题 5　看到这个问题,你可能说那不是板上钉钉的事情吗? 当然,许多人在同一时间说话的确可以显示活力和积极性。但是有多少情况下,当团队中的五个人或者六个人感到有活力的,而七个人感到受到了轻视或者说忽视,那么这是否是团队健康的一个伪装?

一个时间,一人说话的原则有很多的现实意义。当你在听一个人说话时,你如何能听到另外一个人的信息呢? 如果每一个人不能听到同样的信息,能做出好的决定吗? 对于和团队外的交流又意味着什么?

再一次说"不一定"。一个人说话确实可以在团队中引起兴奋,但是同样存在缺陷。时间是关键的。是否每一个人都在该听的时候仔细地听? 是否是合适的人在说? 是否是合适的人在听?

问题 6　为团队成员建立清晰的角色需要大量的时间。这儿有没有更重要的事情要面对? 是否有问题需要解决? 团队有很多实际的工作要做,建立角色并不是那么重要。还有,所有的人都不知道他们的工作内容吗?

建立角色,可以保证团队中的每一个成员清楚地知道他们的工作。它可以防止同样的事情被做了两次,而另外的一件事情根本就没有做,或者一件事情因为第一次没有做对而需要进行二次重做。

在团队早期,建立角色虽然花费时间,但却是一项很好的投资。它可以使事情更有组织。尽管团队早期需要讨论,角色建立需要时间。团队成员和团队领导都必须要对角色建立给予注意。

大多数团队确定的角色,如记录员、时间控制者、促进者、建议者或者过程教练等;都是团队中重要的功能角色。团队还应该考虑团队成员在团队中的自然角色,如有些人擅长组织,有些人很有创造性,有些人可能很善于处理矛盾。团队应该注意团队成员的自然特征并加以利用。

问题 7　通常情况下,团队必须有清晰的目标。但是如果团队的目标是不断变化的呢? 或者是针对问题解决型的团队呢? 这些都是很特殊的情况,尽管它的目标变化很快——一个月,一天,甚至是一个小时,但是在每一个短的时间段,他们仍然需要目标。

如果团队成员知道团队目标,并且为实现目标而努力工作,团队就容易取得成功。

团队应该把团队目标设置得越具体越好,以防止工作重做、不同结果、缺少潜力或者时间不足。如果组织目标、团队目标和个人目标紧密联系在一起,目标会更有效,更有方向性。

问题8　避免矛盾非常好啊! 如果团队真的没有不同意见,它可以使事情比较纯净,没有失望、没有混乱、没有争论,所有这些都是非常好的,但是这种情况是很少的。

在团队中,在每个人的工作中,会有很多不同的观点。如果一个团队宣称他们没有矛盾,也许是他们学会了如何很好地处理这些不同。在把这些不同观点称为"矛盾"之前,他们把他们叫作"很好的讨论",这可以看成是"避免矛盾"。

然而,如果我们从字面看"避免"这个词,它的含义是"避开,绕开"。避免矛盾意味着把问题扫在地毯下面,表面上看不到了,于是就不加处理地过去了。但是这可能会导致在将来某个时间的矛盾的集中爆发,或者最后的结果很平淡。

如果能把矛盾控制好,可以使团队有更多的机会。因为矛盾经常导致大量的解决方法,而新的观点可以使团队中的每个成员都感到满意。

总之,矛盾经常会给团队更多的成功机会。而且,如果一个团队认为他们没有矛盾,更多的情况是他们已经为处理矛盾做了很多的工作。

问题9　团队有很多的事情要做,而且会议占了很多的时间,因此占用会议时间去了解团队成员的感受以及关系是低效的。这些难处理的关系为什么不能在会议外解决呢? 所有的这些都是正确的,而且你还可以对此举出更有说服力的例证。

但是从另外一方面来说,我们就会发现讨论团队内的关系是很有价值的。首先,涉及的团队成员通常会建立稳固的关系。其次,其他人也可以从这个讨论中学到一些东西。再次,团队利益。因为使团队内关系顺畅就是使团队工作顺畅;如果不良的关系得到了改进,就不用在这上面浪费很多的时间了。而且改善的人际关系可以促进良好的沟通和相互支持。这种沟通和支持可以促进整个团队效率的提高。

问题10　如果每一个团队成员都彼此喜欢另外的团队成员,这不是很好吗? 在这种情况下,好与不好决定于如何界定"喜欢"这个概念。"喜欢"是否意味着你想邀请这个人共进晚餐,或者是和他(她)共同去度假? 或者"喜欢"是否意味着你和这个人工作中相处很好,你佩服他(她)的专业知识?

人们没有必要在工作场所之外,还要作为好的团队成员而要保持某种关系。然而,他们需要彼此尊重,也需要相互赏识。他们需要理解这种差异性,因为团队需要不同。

问题11　的确,使某件事情展开,平稳发展,并尽力保持它有重大意义。当你不再继续改变事情时,它就越有效。越少的改变意味着越少的交流不畅。

还有一种相反的对改变的看法:"如果它没有被打破过,那么打破它"。它的意思是,无论现在的工作进行得多好,这儿还会有更好的办法。

团队需要在这个问题上重点考虑。在改变之前应该考察几个问题:这种改变可能会带来哪些影响? 是否达到收支平衡,改变获得的利益和存在的问题是否对等? 现在的生产性是否和解决问题付出的精力、时间对等? 即使我们知道改变会带来很多的问题,可能会稍微引起生产力的下降,但仍然需要鼓励求变创新。

以上这些问题看起来没有想象的那么容易,事实上很多问题需要结合实际去考虑,不能忽视了情境。

希望这个练习就像是头脑风暴,可以激起你的很多想法。因为团队工作对于大多数人都不是自然的。我们大多数人都被培养成当我们是个体时要努力做好,现在的问题是如何做一个好的团队成员。

七、团队中的两难

团队成员经常会陷于各种困境,会面临没有任何明显的简单解决方法的问题,在下面这些情形下,你会怎样做呢?

(1)团队成员考评:你是不怕冒犯人而对你的同事直言,还是埋藏这种感觉,使问题越来越大?

(2)同事的帮助:几位队友路过,询问你是否需要帮助。你实际并不需要,但如果你总是拒绝他们的好意,你会被认为不具合作性吗?

(3)团队选择:你的队友要招募与他们类似的新员工,这是出于群体相融性的考虑,但是怎样达到群体内的多样性呢? 而过分趋同未必是好事。

(4)团队偏好:为了组建理想的团队,耗费了大量的时间和精力。但是,你怀疑是否因过于注重团队进程,而忽视了关注客户。

(5)团队报酬:视完成本身的绩效目标而定,但是,也值得你先怀疑这些目标的完成是不是和整个组织的大目标相融。

八、团队建设的方法

(一)角色界定途径

团队角色是深受团队建设者喜爱的一种方法。贝尔宾 1981 年提出了一组八个重要角色:董事长、塑造者、资源调研员、楔子、团队工人、公司工人、监听评价者和完成者。

研究证明,成功的团队是通过不同性格的人结合在一起的方式组成的。另外,成功的团队中必须包括担任不同角色的人。在此基础上,贝尔宾提出了团队建设的五个原则:

(1)每个团队既承担一种功能,又承担一种团队角色;

(2)一个团队需要在功能以及团队角色之间找到一种令人满意的平衡,这取决于团队的任务;

(3)团队的效能取决于团队成员内部的各种相关力量以及按照各种力量进行调整的程度;

(4)有些团队成员比另一些团队成员更适合某些团队角色,这取决于他们的个性和智力;

(5)一个团队只有在具备了范围适当、平衡的团队角色时,才能充分发挥其技术资源。

(二)价值观途径

许多人认为,团队建设的核心是,在团队成员之间就共同价值观和某些原则达成共识。因此,建设团队的主要任务是建立上述共识。

魏斯特(West M. A.)提出了形成共识的五个方面,并以此作为指导团队建设的原则:

(1)明确:必须明确建立团队的目标、价值观及指导方针,并且经过多次讨论。

(2)鼓动性价值观:这些观点必须是团队成员相信并且愿意通过努力工作去实现的。

(3)力所能及:团队共识必须是团队确实能够实现的——确定不现实或者无法达到的目标是没有用处的,因为这只会使人更想放弃。

(4)共识:所有团队成员都支持这一观点是至关重要的,否则他们可能发现各自的目标彼此相反或者无法调和根本冲突。

(5)未来潜力:团队共识必须具有在未来进一步发展的潜力,拥有固定的、无法改变的团队共识是没有意义的。因为人员在变,组织在变,工作的性质也在变,需要经常重新审视团队共识,以确保它们仍然能够适应新的环境和新的情况。

(三)任务导向途径

以任务为导向的建设途径,强调团队要完成的任务。按照这一途径,团队必须清楚地认识到某项任务的挑战,然后在已有的团队知识基础上研究完成此项任务所需要的技能,并发展成为具体的目标和工作程序,以保证任务的完成。

卡特森伯奇(Katzenbach)及史密斯(Smith)强调,在表现出色的团队中,这一途径尤其重要。为此,他们在实现组织环境中找出了建设高效团队的八条基本原则:

(1)确定事情的轻重缓急,并确定指导方针;

(2)按照技能和技能潜力,而不是个人性格选拔团队成员;

(3)对第一次集会和行动予以特别关注;

(4)确立一些明确的行为准则;

(5)确定并且把握几次紧急的、以能力为导向的任务和目标;

(6)定期用一些新的事实和信息对团队成员加以考验;

(7)尽可能多地共度时光;

(8)利用积极的反馈,承认和奖励所带来的力量。

(四)人际关系途径

该途径通过在成员间形成较高程度的理解和尊重,来推动团队的工作,T 小组训练即是这类途径的早期方法。这类途径主要是在心理学的实验依据基础上,通过开展良好的交流与培训加以实现。

上述途径虽各有偏重,如价值观途径强调的是长期团队的培养,任务导向途径则适用于短期团队建设。

九、影响团队效能的因素

正如上面看到的,团队由几个要素组成,而几个要素是相互关联的,团队效能的影响因素是相关的,下面指出了其中关键的七种。在分析时,既将它们单独讨论又涉及它们之间的关系。要充分理解团队效能——发展成为有效团队成员或领导所必备的能力,以下的方法是必要的。

(一)背景

背景(外部环境)能直接影响其他六个因素,因为它包含着影响团队的周围情形。团队背景可以包括技术、成员价值取向、工作环境、管理实践、正式的组织规章、高层管理发展的策略和组织的奖惩。

(二)目标

目标影响个人、团队和组织的效能。很显然,个人和组织的目标极有可能影响到团队目标和追求目标的行为。团队目标是整个团队所期望的产出,而非个别人的目标。

在一个团队中,相容和冲突的目标经常存在。而且,团队同时具有关系倾向和任务倾向的目标。有效团队在任务倾向的事务上要花费 2/3 或更多的时间,余下的留给关系倾向事务。

长期以来仅仅追求其中的一种目标会损伤绩效,增加冲突,引起团队解散。当考虑到成员目标、团队目标甚至组织目标之间可能存在的相容或冲突时,目标对群体动力和产出的影响变得更为复杂。

一种解决的方法是超级目标,这一目标如果只有两个人或两个团队、群体同时追求但没有彼此的交流与合作是无法达到的。这样的目标不会代替或消除个人或团体目标,并且是有质有量的。例如,一个质的目标如下:为了团队利益我们需要同心协力。一个量的目标如下:如果我们想要在 9 个月中达到团队目标,我们必须在一起工作。超级目标如果伴随超级报酬,那么它对个人和团队合作的意愿将有更强的作用。这种超级报酬是付给合作的个人或团队,并且视他们联合努力的结果而定。肯道尔公司的增进份额措施将个人目标(个人高薪水和良好声誉)和团队目标(一起工作赢得额外奖金)相联系,这相当于是每个团队成员的超级目标。

(三)团队规模

一个团队的适宜规模为 2～16 人(上限)。然而合作软件系统及网络使更大规模的团队能够在一些任务中有效地工作。团队成员想要面对面交流,那么其规模最多为 12 人。7 人或更小规模团队成员的相互交往不同于 3～16 人规模的团队。16 人规模的理事会操作方式不同于 7 人规模的。大规模的理事会往往要成立 5～7 人的常务理事会来更深入地考虑特定事务,效果要比整个理事会好。

一个团队目标和任务如果有充分时间与足够的成员承诺的话,可能一个 9 人或更多些人的团队比仓促的或小型的、更少承诺的团队有更好的效果。

最近的一次公司调查发现:团队规模的上限为 15 人。大型团队往往和简单任务相联系。威而森运动商品公司生产高尔夫球的团队规模在 12～15 人,它是简单工作团队的代表。每天成千的高尔夫球产量,要求团队操作工有良好的技能,所有人都做相同的工作。而对于问题解决团队来说,调查发现规模通常在 10 人或以下为佳。当团队规模变大,情感认同和深刻的共有承诺感将变得难以建立和保持。

(四)团队成员角色和多元化

成员间的相似与不同和他们各自的角色,会影响团队行为的动力和产出。显然,管理者无法改变团队成员基本的个性特征。因而试图影响他们在团队中的行为角色变得尤为重要。这些角色可分为任务倾向、关系倾向和自我倾向。随时间推移,每个成员都有可能依次扮演这些角色。

(1)任务倾向角色:一个团队承担的任务倾向角色,包括促进和协调与工作相关的决策。

这种角色包含:

• 创造新观点或考虑团队问题和目标的不同思路,对困难提出建议,包括修正团队工作程序。

• 搜寻信息来解释建议和获取关键事实。

• 提供与团队有关的问题、事务或与任务相关的信息。

• 协调和明确观念和建议的关系,将观点和建议结合,协调成员活动。

• 评估团队效能,包括询问成员建议的逻辑性、事实依据及可行性。

(2)关系倾向角色:一个团队成员承担的关系倾向角色,围绕着建立以团队为中心的情感和社交往来。

这种角色包含:

• 通过表扬和接纳成员观点来鼓励他们,营造温馨团结气氛。

• 调和团队内部冲突和紧张。

• 鼓励他人的参与,可以说:"让我们听听麦杰的意见。"或"鲁道尔,你同意吗?"

• 表述团队要达到的标准或致力评估团队行为过程的质量,提出有关团队目标的疑问,以目标来评价团队进步。

• 与他人保持友好关系。

(3)自我倾向角色:一个团队成员的自我倾向角色包括以个人为中心的行为,并以牺牲团队或群体为代价。

• 以消极、顽固和无理由的抵抗来阻碍进步——例如,某人不断地提出一个团队经过考虑已放弃的项目。

• 通过引起大家注意来寻求认可,包括吹嘘、报告个人成果、通过各种方式避免被安置在公认的低职位上。

- 行使权威达到控制、操纵团队或某个成员，阿谀奉承获得上级注意，扭曲他人奉献。

- 同他人保持距离，不参与团队社交往来。

有效团队通常由那些履行任务倾向和关系倾向的成员构成。一个特别善于显露团队认可行为的个人，可能有相对高的社会地位——就团队内部而言。一个主要由自我倾向行为成员占据的团队将是无效的，因为个人不可能充分认识到团队目标和必需的合作。

除了个人的性格差异和团队中行为角色不同，工作队伍的多元化发展会使得理解团队行为和过程更加复杂。不同年龄、性别、种族、文化价值、身体状况、生活方式偏好、国度、教育背景、宗教信仰、职业背景等因素使团队的构成经历着不断地改变。假如成员彼此间有成见，团队效能将受损。

多元化通常被认为消极作用大于积极作用，虽然这种观点正在改变。这种消极作用的观念很大一部分来自以下六种成见：

(1)异己是一种缺憾。

(2)多元化对组织的有效机能是一种威胁。

(3)少数人表述对主导群体价值观的建议被认为是过度敏感。

(4)所有群体的成员都想成为并应当喜欢主导群体。

(5)公平对待意味着相同对待。

(6)多元化管理仅需要更换人员，而不是组织文化。

多元化也可以看成是一种积极的多元化，这种环境允许个人获得新能力，形成新观念和态度，而所有这些能提高团队成员有效交往的能力、培养能力并以积极的态度帮助他人形成良好的工作关系。就像人能成为既保持母语又学习外语的语言学家一样。

IBM 将多元化和积极多元文化看作是管理变化的必不可少的部分，以下的例子说明了 IBM 运用各种团队时在这方面做出的努力。

【案例 2-1】

IBM 有计划的多元化创新

在全球水平上着手处理多元化对 IBM 尤为关键，因为 IBM 的全球多元化主题是："我们中任何一个个体都没有我们整体强，"特德·查尔兹（Ted Childs）——

IBM 全球工作队伍多元化的副总裁说。IBM 的多元化通过多元化的委员会和团队体系在全球范围内培育起来。这些群体确保 IBM 的每个人在多元化环境中成为对话的一方（有发言的权力），实现工作和个人生活的平衡是委员会面临的六大全球工作队伍的挑战之一。其他挑战是全球市场、文化意识和接纳、管理者团队的多元化、妇女进步、与残疾人士的融合。

有 8 个主管级的多元化团队，每个团队又是由若干个要素群体构成。团队向上层管理者汇报要素群体组成人员——妇女、非裔美国人、土著美国人、亚裔美国人、愉快的女同性恋者、残疾人士和白人——的相关事务。在各地，由顾客组织、完全由雇员领导的 64 个自愿的多元化网络团队是积极的，特德说道："我们希望所有群体能帮助我们保持关于事务的对话，因此一旦有令人感兴趣的事出现，我们能谈论它。"

"从他们的顾客角度看公司，"特德继续道，"任务队伍被要求关注三大问题：首先，你们团队需要什么才能使你们在 IBM 感受到是受欢迎的和有价值的？其次，你们团队需要什么才能使你们一起使团队生产力最大化？第三，公司在追求市场份额过程中，采取何种行为以影响到你们这一区的购买决策？"总而言之，这些问题说明 IBM 将多元化看成是雇员和客户联系的纽带。特德总结道："工作队伍的多元化是工作场所和市场之间的桥梁。"

(五) 规范

规范，是指为团队成员认可并普遍接受的规章和行为模式。它们有助于定义那些成员认为达到目标所必需的行为。长期以来，每个团队建立规范并要求成员遵守。

团队成员可能仅仅模糊地意识到其中一些规范的存在，但是他们至少有两个理由必须意识到规范的作用：首先，意识能增强个人和团队自由与成熟的潜力。其次，规范从正反两方面影响个人、团队和组织效能。例如，团队中尽量减少和纠正错误的规范，很有可能会提高组织正式的质量标准。

团队经常借助规范达到目标。另外，一些组织发展的努力旨在帮助成员评估其团队的规范是否一致，是否有不确定性或与组织目标相冲突。例如，一个团队可能声称自身目标之一是变得更有效率从而能帮助团队达到组织目标。然而，成员行为并不一定和上述目标相一致。也就是说，团队规范实际上阻碍了产量提升因而要寻求别的变化。

团队不会为每种可能情境都建立规范。他们一般会对那些他们认为是非常重要的行为制定并实施规范。团队成员特别有可能在以下一个或几个环境中实施规范。

- 规范帮助团队生存和提供利益。例如,团队可能制定出这样一个规范:在组织中不和其他人讨论个人薪水,以避免引起对分配不公平的注意。

- 规范简化成员行为并对所期待的行为有预见性。当同事一起去吃午饭,饭后如何分担账单是令人尴尬的。群体可能发展出一条规范,对行为方式有很高的预见性——平均分、轮流付账或各付各的。

- 规范避免了人际尴尬。规范有可能要求在办公室内外都不讨论罗曼蒂克的私事,或者还要求不在某个成员家里聚会。

规范表达的是团队的核心价值观和目标,它有利于团队定位的明确化。广告公司的雇员可能会穿时尚的服装,其他职业部门会认为这是多么出轨的行为。然而广告公司的员工会说:"从个人和专业的角度,我们认为自己是流行的引导者,通过时尚的装束将潮流传递给客户和公众"。

团队成员对规范的遵守来自依附于规范的压力。两种基本的遵守类型是顺从和个人接纳。顺从式遵守,是指个体表现团队所期望的行为是因为有实际或想象的压力。事实上,个人遵守规范有很多理由,甚至他们个人并不赞成它。他们或许认为一个和谐的氛围对成功实现目标是必要的。甚至一些人遵守规范是为了被他人喜欢,如主管和下属之间。最后,还有些人认为,不遵守规范比遵守规范损失更大,有可能会危及在团队中的人际关系。

第二种遵守类型是个人接纳式遵守,指个人的态度和行为与团队的规范和目标一致。这种类型的遵守强于前一种,因为人们真正地信任目标和规范。本田在肯塔基州的装配工厂明确使用团队发展规范和利用同伴的压力来支持组织目标。管理层在所有水平上广泛运用"社团命运"作为一个超级目标——就是指大家利益共存——并把它作为实现个人接纳式遵守的途径。

没有规范或者没有合理地遵守它们,团队将是混乱的,任务也不能完成。反过来,过度或盲目遵守规则,也会威胁到个性表现和团队发展与学习的能力。

(六)凝聚力

凝聚力是成员愿意留在团队中并对它承诺的一种引力。凝聚力受团队目标和个人目标相容程度的影响。那些非常愿意留在团队中并真心接纳其目标的成员构成高凝聚力团队。

凝聚力和一致性(遵守)之间的关系并不简单。低的凝聚力和低的遵守相联系,然而高的凝聚力并不仅仅存在于高度遵守团队中。高效团队有高度的成员承诺感和在一起工作的强烈愿望,同时彼此尊敬和鼓励个体差异。当凝聚力产生于信任的人际关系并对行动目标共同承诺时,高效团队就有可能发展起来。

一个优秀的团队表现出色,成员有奉献精神,通常是小型的,成员被令人兴奋和富于挑战的目标所激励。优秀的群体能使成员完全专注于团队目标。对其成员来说,一个优秀群体的特征是相同的:重要、吸引人、充满争论和笑声、工作勤奋。这样的团队是为了处理主要的挑战、变化、革新、复杂的项目或危机而建立的。例如,波音 777 飞机的开发就产生了若干个优秀群体。

当决策团队既有一致性又有凝聚力时,一种叫群体思维的现象产生了。群体思维是一种不惜任何代价保持一致的心理状态,它导致无效或拙劣的团队决策。詹尼斯(Janis)创造了这个新名词,他把研究的目光投向那些在复杂和动态环境中面临难题的政府高层政策团队。他曾经指出,意识形态一致,有压力、与外界隔绝、缺乏公正的领导以及缺乏合适决策程序的规则的高凝聚力群体,通常会采用一种思维方式——群体思维,寻求一致的愿望压倒了采用合适的理性决策程序的动机。这种群体往往感到自己是无懈可击的,高度一致的和绝对正确的。他们怀疑矛盾的信息,压制异议者。结果产生了一个蹩脚的、看似近于满意的、但却普遍地存在毁灭性结果的决策程序。团队决策普遍存在于所有类型的组织中,因此群体思维可能同时发生在私有和国有组织中。

群体思维的特征体现在:

• 大多数或全体团队成员都产生战无不胜的错觉,它导致过度乐观并鼓励采取极端冒险行为。带有错觉的成员常常会说:"现在没有人能阻止我们。""其他团队都不谨慎。"

• 集体理性主义忽略那些要求他们在进行主要的政策决策之前重新考虑设想的警告。如在 20 世纪 70 年代早期,美国汽车产业主管声称:"我们相信只有一小部分人,会买日本车。"

• 对团队固有道德观念的盲目信任,导致员工忽略决策产生的伦理道德后果。

• 对于竞争者或对手的成见,导致团队或将对方看作是毫无诚意的,或者将对方看作是不堪一击的。

• 那些表示出对任何团队有错觉、成见、产生强烈异议的成员将受到直接的压力,使人认为这类行为不是一个忠诚成员应具备的。领导也许会问:"发生什么事了,你还是不是团队的一员?"

• 对任何偏离团队一致的自我检测,反映出成员降低自己疑虑的重要性和不再提出反对意见的倾向。成员也许会想:"如果每个人都那样认为,我的感觉一定是错的。"

● 一致性错觉部分来自于自我检测,同时"沉默代表同意"的错误观念强化了一致性错觉。

● 自我任命的"思维卫士",阻碍团队了解那些可能会挫伤关于"成功"决策的自满情绪的信息。

在最近有关 23 个高级管理团队的研究中,6 个首席执行官表现出对他们组织中团队群体思维的关注。一家大型财务零售公司和一家全球财务服务公司的首席执行官说到:

● 我们处于同一波段(时期)。四年前我们被买下,我们的经历相似,享有相同的观念但在这个行业你必须是新鲜和实验性的。如果我们什么都同意,那我们的观念如何创新?

● 缺乏真正的讨论。有时会有些形式上的讨论,采取一些手段可以避免它。例如,领导努力保持中立、鼓励对话和新观点。小型的群体或外部咨询师能帮助引进新观念。应鼓励那些持多元观念的人表述出来。

团队绩效和生产力会受到凝聚力的影响。生产力是投入(劳动时间、原材料、钱、机器等)和产出(产品和服务的质量)关系。凝聚力和生产力相互关联,特别是对那些有高行动目标的团队而言。假如团队成功地达到目标,成功地积极反馈,能够提高成员的承诺感和满意感。例如,一个获胜的篮球队比另一个失败的队凝聚力更高,其他也如此。同样,一个凝聚力强的团队更有可能获胜。反过来,低的凝聚力可能会影响到团队获胜的能力,原因就是团队成员之间没有进行达到目标所需要的交流与合作。假如团队目标与组织相冲突,强的团队凝聚力事实上可能和低效率相联系。团队成员或许会认为是老板以为他们会对结果负责而不是他们以为自己会对结果负责。因此,凝聚力、生产力和绩效的关系是难以预料和理解的,除非了解团队的目标和规范。

(七)领导

组织中有关团队的研究强调在实现目标过程中应急的或非正式领导的重要性。一个非正式领导,是指一个组织中影响力逐渐扩大、并经常反映出有帮助团队实现目标的独特能力的人。

通常以为团队领导只是一个人。但长期以来 CRI 公司和联合食品公司的团队因任务的不同而产生不同的领导者。而且,因为一个团队往往有任务倾向的目标和关系倾向的目标,因此需要有两个或更多的领导。这两种类型的目标要求不同的技能和领导方式,单个领导是难以满足这些要求的。非正式领导是在正式领导忽略任务倾向责任或缺乏实施的必备技巧时才会出现。相对而言,团队中关系倾向的领导一般是非正式的。

领导极大地影响团队结构和行为的各个方面(如规模、成员和角色、规范目标和背景)。领导在团队和外在群体的关系中承担着关键角色,如客户和供应商,而且总是影响新成员的选择,甚至让一个团队参与选拔过程。团队的领导过问每个潜在成员,然后缩减候选人的数量,就像在联合食品公司那样。

回忆一下前边所描述的联合食品公司。高层管理者,特别是约翰·麦杰(创始人和现在的首席执行官)建立并强调一套核心的价值观和原则,用来反映一个整体对组织的重要性。

其中四个核心价值观和原则指出了团队的中心地位。

• 我们的成功依赖于我们所有团队成员的精力和智力的集合。我们努力创造一种工作环境,它能激发团队成员成长并发挥其潜能。我们欣赏努力并奖励结果。

• 公司最基本的工作单位是自我指挥的团队。团队定期集合讨论事务,解决问题并肯定每个成员的贡献。每个成员属于团队。

• 我们相信知识的力量,并支持所有成员有权力获取影响他们工作的信息。我们的资料对成员开放,包括个人年度福利报告。不论他们的观点如何,我们同样赋予成员以言论自由的权力。

• 通过释放成员集体创造力和智慧,团队不断前进。肯定每个人的贡献。我们的工作越来越完善。

第三章 团队氛围

一、诚实、开放、信任

组织中个体间的 HOT 关系可以产生一种亲和力，使组织的表现更尽如人意。成功的领导者是那种实事求是的人，他会让你确实明白他对你及其他人业绩的看法。有时，这会显得有些冷酷、严厉，甚至让人无法忍受。但是，领导的职能以及团队工作就是要明确所有成员的职责，同时引导大家朝共同的目标努力。真实的信息反馈能有效地保障这些职能和工作的进行，但奇怪的是，很少有人能真正理解这一点。

真诚的沟通意味着彼此了解，但是人们往往在同他人进行沟通时闪烁其词，绕开事实真相。这种情况无处不在，从好友的争辩——例如，好友对你的方式是否能坦率评价，到员工评价——例如，我不可能告诉他说："你的表现太糟了，真应该被解雇。"

列出当你同员工或客户交流时，他们一些敷衍了事的手段。这一串列表可能会很长，同时他们的理由一般人都很熟悉，而且大多都不真实。

一些测试会让你很悲哀地发现，管理者和员工常常是在互相欺骗，他们会说：

"我需要顾及别人的感受。"

"如果员工知道真相，会产生顾虑。"

"如果我实言相告，他们会有受辱感。"

我们常常能听到这些言论，而且在工作时也会使用这些话语。

在一次名为"公司中谁在撒谎"的评估中，表明：100%的管理人员承认，他们经常或不时对员工和同事撒谎。

因此,当交流的双方都认为对方在撒谎时,又如何能做到有效沟通呢? 显然不能。因此,不要让大家去猜测真相,也不要使用那些诸如"我们假设……"之类的管理官话。如果大家还处于猜测对方言谈真实度这一状态下,那么任何的有关沟通技巧方面的培训和提高都是枉然的。在这种状况下,很快人们就会把精力用在如何保护自己上,而组织也会因此失去创造力和敢于冒险的潜质。

【案例 3-1】

　　同你一起工作过的一个公司主管,将关于一名管理人员的降职决定告诉了当事人。他非常自豪地称自己在同他人进行交流时,非常顾及别人的感受,而且对自己的做法也非常满意。

　　当你碰到这名被降职的职员时,却发现他得到的信息截然相反。他明白自己的工作做得并不够好,同时,也希望别人能直言相告。然而,他得到的却是那些拐弯抹角的话,这无疑起了误导作用,反倒使得这名职员无法接受降职这一事实。

　　最好的办法是你同这名主管进行直接交流,主要就是希望他"走出自己的舒服地带"。接下来,在自己勇气的鼓励下,他用简练的语言向管理人员说明了真实的状况。结果,由于问题的解决使公司的状况得到了改善。

　　由于跨出了自己的"舒服地带",主管得到了成长,同时他也发现,那种想象中的恐惧本身并不存在。而那位管理人员也终于解除了压力,因为他已能够接受这个事实。

二、在组织内建立信任

再前进一步,就是要在组织或团队中建立一种文化,使组织或团队中的交流公开化,要让大家都明白,所有言论都是为了团队以及团队中每个人的进步,而并非贬低或侮辱哪个人。

要建立这种文化氛围,首先应明确,在一个诚实的文化氛围中,团队行为应该是什么样的。你应该对组织有信心和把握,同时要采用适当的方式引入文化,使它能够在团队中成长壮大,因为所有参与者都坚信,它能带来回报。

【案例 3-2】

　　考克斯药品公司(Cox Pharmaceuticals)是巴恩斯特浦(Barnstaple)的一家普

通药品制造公司,德温(Devon)为了发挥其组织内部的创造性,决定逐步改进公司文化。

公司成立了一个管理项目小组,其成员由主管公司各项业务的管理人员组成,这些业务包括:工程、包装/发货、质量保证、财务、人员以及培训。

项目小组的主要目标是为发展建立 HOT 型关系的目标远景提供支持。之前,已经向项目小组介绍了 HOT 型关系的基本情况以及改善型理念。小组则建立了适应 HOT 关系的,有自己特点的文化。而后,选择了包装和发货部来培植这种文化。

建立文化的过程面临一些挑战,这涉及部门已存在的原有文化。通过同员工进行交流,得到他们对文化的看法,并且利用这些信息来促进车间工作。在这一系列过程中,都会面临挑战。

三、建立诚实、开放与信任关系的五大基石

请快速浏览这五大基石,你会发现它们并不难理解,并且是众所周知的一些准则。同时,它们的存在也都由来已久,包括:

(1)有一个与他人共享的未来愿景。

(2)工作的目标是要让团队取得成功。

(3)真正地倾听他人。

(4)诚实、明确地描述真实情况。

(5)对他人做出的贡献要予以承认,并表示谢意。

也许有人会问,既然这些基础这么简单明了,那么为什么我们不在日常工作中采用呢?就我自己而言,我知道"舒适地带"对个人所产生的强大影响,它常常导致我害怕对别人诚实,会带来不好的后果。

建议:在我们进一步剖析这五大基石之前,先看看你自己在工作中不能完全对他人以诚相待的原因。

(一)有一个与他人共享的未来愿景

这里所谈的公司愿景或者战略方向,有时也称为部门愿景,必须同公司的战略方向一致。然而,却很少谈及个人的未来愿景。如果你正准备度假,那么,首先你要建立一

个你希望的假日愿景。通常,你会同所有与这个假日愿景有关的人来共享这一愿景。最可能的就是你的家人。随着时间的推移,这个愿景会根据其他人的建议而不断地被修改,最后出现的,就是一个能够基本满足所有人要求的度假计划。

从计划、设计到最终愉快地度假是每个人都期望的一个不断完善、发展的过程。许多人都通过这个过程得到了提高——他们创立了个人愿景。

设想一下,如果你以及你的同事设立了未来愿景,并朝着这一目标而努力,这会对大家的工作态度和工作热情产生很大的作用。不幸的是,这种情况很少发生。管理人员认为,如果每个人都有自己的未来设想,会导致天下大乱。确实,这是一种可能后果,因此,现代管理人员的技能就应当是——利用这五大基石,在组织中营造一种氛围,使每个员工的个人愿景能够统一,并且能够支持公司整体战略。

有人会问,如果个人愿景同公司愿景发生冲突,结果会怎么样。老实说,那就是你应当辞职,去寻找同你的愿景相一致的公司,如果不这样,最终你的老板也会发现你不能够支持公司工作,从而采取相应的措施。

建议:考虑一下你在工作上的未来愿景,然后找三个理由来说明你的愿景为什么不能同公司的愿景相一致。

(二)工作的目标是要让团队取得成功

目前,个人发展处在一个竞争激烈的社会环境下,职位的提升被看作是个人成功的表现。这就导致了在工作中,我们的决策更多的是基于个人利益。那些能够建立一支优秀团队的人,似乎都有极大的职业风险。事实表明,成功的团队是由那些为了让彼此都能成功的人建立起来的。足球队和橄榄球队就是最好的例子。

(三)真正地倾听他人

"听"是人们非常自然的一种行为。大多数人都认为,自己在听方面做得既准确又高效。人们很少对自己的"倾听技巧"进行评估,也不会向自己的下属征求这方面的意见。那么,你是否发现,你更愿意多听上司的谈话而不愿意多花这方面的时间在下属身上?你参加过倾听技巧的培训吗?

建议:作为一名执行经理,你可以通过反馈来判断一下自己的倾听能力。同其他人,最好是你的同伴、孩子就一个话题进行讨论,然后你就会发现结果。

在很多公司,都有"打断谈话"的习气存在。通常上司打断下属,是因为他有意识或无意识地认为自己的观点更重要一些。有时候,因为想急于表达自己的想法,也会有打断他人的情况发生。

提高倾听技能的一个真正有用的方法就是举行"倾听"会议，尤其是当你同其他人发生争论时。这时，双方应当协商举行两次定时会议(10～15分钟)。在第一次会议上，A向B阐述观点，B只能听，不能发表言论。会议结束后，双方对会议内容不进行争论，然后至少在三个小时后，接着进行第二轮会议。这次B发言，A听。同样在会后不许有争论。关于两次会议内容的讨论放在后边——至少24小时后再进行。

建议：找一些与你持有不同观点或同你关系紧张的人来参加这种"倾听"型会议，一定要保证自己遵守以上规则。

(四)诚实、明确地描述真实情况

沟通中应当诚实，不隐瞒事实。这不仅仅是对于讨论的事情而言，同时也是针对交流中人与人之间的关系。你没有理由害怕同上司进行讨论。

滥用职位上的权力，用管理上的行话讲，叫作"倚势欺人"。HOT关系的一个优势就是使"人本主义"成为公司文化的一部分。这就使我们的优点可以被认可，同时弱点也能被接受。

但值得注意的是，实话实说并不等于不考虑别人的感受。实话实说有时也会显得不理解别人的感受，甚至接近倚势欺人。

你应当知道，当你的目的是要让他人成功时，你决不能成为上面的那类人。另外一种自查方法就是，你是否对自己所谓的"诚实"而沾沾自喜？如果是这样，那么，你工作上一定有潜在的问题。

【案例3-3】

在英国国家健康服务站，军医往往会很容易冲动，这就导致了许多不友好行为。我认识一位资格很老的战地护士，她总是能保持冷静和礼貌，有时我都觉得她身上散发着一种神圣的光辉。没有任何人会在她面前有过激的表现，不论是长官还是急躁的军医。当我问她是怎么做到的，她很奇怪，因为她从来就没有想过这个问题。她通常假设她应当受尊重，事实上也确实如此。这种期望非常微妙，但可以通过交流正确地表达出来，同时通过语言上的回应来满足她的期望。

(五)对别人做出的贡献要予以承认，并表示谢意

人们都喜欢被认可，同时也喜欢得到承认、表扬或感谢。你也可以称之为成就感。

但是,你常常因为害羞而不愿意受到赞扬,同时也不去赞扬别人。除去表扬外,这一基石也说明要对他人的贡献给予感谢,因为,应当承认,你需要帮助。同时,当有人使你避免了损失,或者用他们的一技之长解决了你的燃眉之急时,我们应该予以认可。

建议:确定几个你在公司不怎么接触或不愿意接触的人,假设这种情况是由于你的原因造成的,想想怎么做才能改善这种状况,然后争取去同他们中的几个人建立良好的关系。

【案例 3-4】

一位总监曾经发现,他可以坦率地承认自己的错误以及在一些事情上缺少的相关知识。他非常坦率,同时,他又有着非常明确的认知能力——他能够准确地叫出公司中 1000 多位员工的名字。

事实上,这种能力的获得同他对各部门的研究调查分不开。无论他如何做,他的率直和认知的能力都表明他值得信任。因此,他也就获得了通常无法获得的一些信息。

四、克服内心的恐惧

每个人都会害怕,这是你对恐惧做出的一种反应,同时,恐惧会极大地影响我们的行为。在工作方面,你的恐惧包括:害怕失去工作,怕在别人面前丢丑,不能胜任自己的工作,不知道该做什么,有时甚至会产生逃避的念头。

怎样才能克服这种恐惧心理? 在这里,表演绝技的艺人所采用的一种方法就是一个例子,值得你去仔细斟酌。

从他们身上,你可以得出几条非常简单的克服恐惧心理的办法,以下是其中几条:

(1)诚实地面对自己,找出自己的恐惧源头,最好能写下来或画出来;

(2)坦率地说出自己的恐惧,并听取别人的看法;

(3)将恐惧的事物分解为多个部分,并寻求相应的解决方案,使恐惧最小化;

(4)最后,充分发挥你的才能,继续前进。

有一位经理,他非常害怕失去工作,以至于不敢做任何冒险,甚至是工作上的决策。当然,这样的结果是更增大了他的失业可能。经过咨询分析,他把他的恐惧确定为两部分:首先,他觉得他的上司对他不信任;其次,如果被解雇,他会有经济困难。

【案例 3-5】

　　同你我一样，绝技艺人也有恐惧心理，他们不可能假装若无其事。因此，他们之间建立起了一种氛围，在这里大家可以同其他艺人（包括搭档和那些有经验的前辈）坦率地谈论自己害怕什么。在这个过程中，组织者会鼓励艺人说出所遇到的问题，每一项害怕的事情都会被分解成若干部分，在继续前进之前，提出针对各个部分的解决方案。绝技艺人不会马上盲目地全部接受这些方案，他的顾虑会公开地在大家中间进行讨论，有经验的前辈会提出自己的想法，但决不会贬低那些有恐惧心理的人。最后，总会遗留一些没能解决的问题。这也就是说，10％的绝技艺人没能完全摆脱恐惧——这就是职业风险。

　　下一步就是坦率地讨论他所恐惧的事情，并分析这些恐惧是否真有事实根据。结果表明，这名管理人员即便失业，前途也并非那么惨淡。他计算了一下，如果被解雇，公司将给予他多少补偿，这些补偿可以维持一段时间。

　　接下来，他决定靠自己的直觉来行事。他同老板讨论了他的问题以及自己的业绩。结果，随着对工作的驾轻就熟，他消除了恐惧。

　　建议：就自己感到害怕的一个问题，按照以上的 4 个原则进行分析，来消除恐惧。涉及公开谈论自己的恐惧，首先你可能希望同自己信任的人进行讨论。但逐渐地，你应当尝试在工作中和同事进行这方面的行动，然后对效果进行评价。

五、在诚实、开放与信任关系中运用质疑方法

　　HOT 的概念表明，在组织中有这样一个环境，在这个环境中，每个人都彼此完全信任。建立这种文化氛围的一个主要因素，就是怎样使用提问法。

　　问题可以用来建立或推翻某个事件，参照以下几组互相对比的例子，能够有助于说明：

　　通过提问的方式，更能明确什么是积极的，什么是消极的。

　　向人们表明你的权力，或者使人们毫无顾虑地说出他们的真实感受。

　　向人们表明你比他们懂得更多，或者让他们充分表现自己的才识。

　　找出谁应当受到责备和犯了错误，明确问题需要的答案。

　　去证实他人的错误，或者说，只要可能，我会尽量帮助你。

通常,组织文化都宣称是开放的,鼓励参与和各种投入。但是,高层人员的表现会极大地影响实际情况,使现实不像宣称的那样。

建议:对如何使用提问方式做一下调查,明确在你的周围有没有同上述问题相同的事例。然后做一个计划,包括在下次会议上你会采用什么办法来发展 HOT,同时在会议上,尽量多听,不要发言。

【案例 3-6】

> 有一位总监总是喋喋不休地抱怨下属,说他们在会议上不能提出有创造性的建议或是抓不住主题。经过更深入的分析才发现这位总监已经在公司工作了 20 年,在他的行当中是资深专家。他经常一天工作 15 个小时,即使在周日,也可以通过手提电话联系到他。

> 然而,他的这种无法比拟的资格优势好像并没有使他更有威信,因为他也是一个擅长用尖酸刻薄的问题来打击他人的专家。

> 由于没有人希望自己的建议、观点被推翻而使自己受辱,也就没有人再去提出什么建议。这当然就难怪他的部门实际上成了一个单人地带,而且将继续这样下去。

六、在诚实、开放与信任环境中解决问题

在忙碌、充满压力的环境中,由于需要立刻做出问题的解决方案,这就使思考问题的时间很短,导致问题的原因没有真正被考虑在内。改善型思想非常强调对原因的分析,在 HOT 关系团队中,以下这种具有创造性的问题解决方式会有助于你解决远期问题。

(1)什么样的解决方案最有可能实现你的愿景?

(2)团队怎样才能得到解决方案?

(3)明确问题并且区别组成解决方案中的各个部分。

(4)怎样才能改变你的行为方式从而得到解决方案?

(5)什么会阻碍你改变自己的行为?

(6)不要让问题成为实现愿景的绊脚石。

(7)回到(1),再重新开始。

下面这段摘自德国哲学家阿瑟(Arthur Schopenhauer)的话也许会对你有所帮助:"真理的发现包括三个阶段:起初真理看上去非常荒谬,而后是人们对它的大力反对,最后是真理被接受和公认。"

【案例 3-7】

考克斯(Cox Pharmaceuticals),一个非常成功的普通药品制造商,将 HOT 关系模式引入他的包装发货部。这项工作开始于 1995 年,尽管当时公司做得已经非常成功,但还要寻找一种方式来弘扬其企业文化,提高其业绩。他们研究了所有能够得到的各种不同的文化改革方式,包括:自我管理型团队;单纯改善型;TQM 的发扬以及在 HOT 关系模式支持下的改善策略。

在经过有关管理咨询人员对这些不同改革的评价后,他们选择了欧日中心建议的在 HOT 关系模式支持下的改善策略,原因有三:

(1)文化的引入过程将在欧日中心业务培训组的组织下进行;

(2)培训的一项基础任务就是要向考克斯公司灌输一系列的思想,并协助他们建立起自己的 HOT 愿景;

(3)HOT 关系模型建立的基础,是使考克斯公司的员工真正受益。

HOT 关系模型实施五步骤:

第一步,管理约束。

为确保对这一理念的支持,考克斯公司成立了一个项目小组,专门对这项工作进行领导,并为实验小组提供支持,同时确保不让公司的原有文化阻碍工作的进展。

第二步,建立考克斯公司的 HOT 关系愿景。

在准备实施 HOT 的包装发货部,需要对其原有文化进行分析。鲍勃·布赖恩特(Bob Bryant)和帕特·韦林顿(Pat Wellington)自愿参加到项目组中,并同代表召开了交流,对于交流中涉及那些可以搜集到的问题和信息的类型,在管理方面没有对其进行限制。

此后,根据部门一线员工的建议以及管理人员的一些设想,完成一份报告。这就使我们能够明确,目前公司实际环境同希望的 HOT 目标之间的差距究竟有多大。欧日中心认为,这也就确定了摆在面前的任务的难易程度,他们将同考克斯公司成员一起完成这项任务。

接下来,公司的中高层管理人员召开了一系列会议,会议主要介绍改善型和

HOT关系模式，与会人员还包括财务和技术总监，会议的主要目标是双向沟通。在会议上，鲍勃·布莱恩特(Bob Bryant)和帕特·韦林顿(Pat Wellington)告诉大家一些改善型和HOT会产生的一些可能的结果，而考克斯团队会确定什么是属于自己的新的企业文化。

最后，将产生一份文件，其中说明了考克斯公司包装发货部将要建立的主要的HOT关系模式。自愿加入这一项工作的人员也组织召开了一系列的会议，向他们介绍将要建立的愿景，以便他们据此做出选择，是否再继续工作下去。

第三步，向实验小组提供建立新文化的方法。

HOT关系的基本概念是指人与人之间必须互相信任，在组织工作和决策上有充分的自由度和清晰的条理。同时在决策过程中，来自其他无关人员的信息也同样可信，并有其贡献价值。组织常常犯的一个错误就是认为一线工作不需要了解新思想，因为对他们而言，只要有技术就足够了。而考克斯公司之所以成功，就在于它没有犯这样的错误。公司认为每个员工都应有一个知识的基础，并依照HOT的方式，运作了一系列的工作小组进行沟通、决策、解决问题和完成团队工作。这些工作小组使管理人员、上司、工程师和操作人员聚在一起，建立了他们的组织文化。

第四步，让新的团队自己成长。

通过一系列的工作，两支新的团队被建立起来，这时就应放手，让他们自己成长，让他们从自身所犯的错误中汲取教训，从而不断进行自我完善。当然，如果它们的前进道路非常艰辛，高层管理部门以及欧日中心的培训小组会一直在背后提供支持。事情往往是这样，充分信任他们，他们也就不会辜负你的期望。由于团队的目标是由自己设定的，因此也就不会被高层领导的期望所局限。例如：某个团队的目标是将机器的故障时间降为零。一个有经验的管理人员也许会寻求5%～10%的改进率，而团队追求的百分比却可能是50%。因此，几乎所有团队给自己定的目标都会超出上司的期望。

第五步，引入新文化给考克斯公司带来的益处。

新文化给公司带来了许多各种各样的好处，例如：

• 由于取消了监督管理层人员，减少了中层管理量。

• 产品的生产率大幅提高，新文化引入6个月后，平均生产率提高了32%，其中某些产品的生产率提高到200%。

• 去除了管理人员、工程技术人员以及操作人员之间的你我之分。

● 对管理改革机制的引入,起初看好像并没有产生什么成果,但这些措施在后来都发挥了极大的作用。例如:安装外线电话;给操作人员安装电脑终端以便检查数据;加班需经团队同意;有专门房间用做召开生产线工作会议;生产控制人员一旦由销售人员手中得到产品需求信息,就应迅速告知团队,同时,执行人员可以无需管理人员的批准,同供应商进行相关事项的磋商。

● 职员运用人际关系的工作模式发生了变化,操作执行人员利用同库管人员的关系,可以发现目前的库存状况,于是,他们可以应付突如其来的顾客需求。

● 员工们与管理人员的谈话内容变得积极多了。

● 经过培训,大家学习新技术的速度得到了提高。

● 成员对团队表现的期望甚至高于管理人员。

之后,考克斯公司将这种团队模式进行了更大范围的拓展。这一项目的成功,其原因就是一步步采用了管理人员充分信任员工的方式,同时,员工也用极大的热情回应了这种信任。下面这段话引自团队一季度的报告,就充分体现了这一点。

团队内热情高涨,大家都紧紧盯住两个新的障碍,很快我们就跨越了第一个,只剩下了后一个目标。这是我们第一次尝试"自己的问题,自己去解决"。我们确实这样做了,一周后,由基斯(Keith)修好了第二台机器。

在接下来的八周中,许多这样的障碍都被我们——这样一支团队克服了。在这一过程中,我们同许多人进行磋商,他们帮助我们解决问题,突破了一道道障碍。这些都让我们受益匪浅。

我们的热情依旧,没有什么可以阻碍团队的发展。来自各处的支持和鼓励将帮助我们达到目标。

第四章 团队压力

每天有 27 万名英国工人因为工作压力带来的疾病而无法工作,这样,每年要耗费雇主 80 亿英镑。1997 年,曼切斯特大学的调查人员所做的报告指出,在工作中承受更大压力的雇员人数比 12 年前要多 60%。这些压力主要归咎于劳动力过剩,工作安全问题,长时间的工作以及过重的工作负担。

伴随着关于工作压力的各种言论,我们迎来了千禧年。我们不可能同压力一起生活,但生活也不可能离开压力。那么压力究竟是什么呢? 压力是人的一种情况,并不是一种病态。它可以被定义为任何能够影响人的身体或精神的一些因素。这种影响可能是对身体和心理的威胁。人类作为动物,对威胁的反应方式可以是攻击或逃跑。作为现代人,不可能总是使用这两种方式来对待威胁,解决压力是人体处理周围环境的反应,这种反应也是一种社会要求。毕竟每一次对待压力都举起拳头并不是好办法,而每次都逃之夭夭也不是有用的举措。因此,我们内在的反应和焦躁本身就反映在了生理和心理上。

当人体处于压力下时,体内某种荷尔蒙的产生会增加。这所引起的明显的结果就是心律、血压和行为的改变。身体的这种只是非常短时间的调整,却会在今后较长的时间里产生危害。由于长期压力而导致的疾病可以是心理或生理上的。平日的症状,比如说易怒或情绪波动都可能会比较明显,同时这更会影响一天的生活。在英国,因病离职的人中,由于这类疾病而离职的占到 60%。

一、积极的压力与消极的压力

导致压力的原因可以被称作压力源。压力源可能是环境,如城市中增加的污染和噪声;也可能是人,如紧张的人际关系,家庭困难;压力源也可能是同工作有关——由于工作的类型或工作的环境所造成。改变在社会中的角色也会给家庭、个人以及工作带来矛盾和冲突。尤其对于妇女来讲,主妇这个角色还没有消失时,养家糊口的角色就已经登上了女性生活的中心舞台。这种现象同样会影响到男人,他们的期望是伴侣、朋友和同事对这种变化能迅速地理解和转变观念。

当你感觉到在某些情况下几乎或完全无法控制局面时,这种压力可以被称作消极的负面压力。情况表明,在困难的情形下如果能够有控制力,那么产生的负面压力就会很小,甚至可以是积极的压力。正是那种现实的或感觉到的威胁的影响,产生了逐渐升级的具有破坏性的压力。当人们感到自己无能为力时,问题就会变得更难办。在苏珊·卡特莱特(Susan Cartwrigight)和卡里·库珀(Cary Cooper)的《管理工作压力》一书中,将引起压力的最根本的原因总结为由于基础部分的变化,缺乏控制力以及高的工作负荷量。他们警告说,在 21 世纪,由于组织结构的迅速变化、缺乏工作保障以及终身工作制的减少,工作场合的压力将会有更进一步的增加。

然而,你又需要压力来生存。你需要压力来激发你去进行创造。那么,有多少人能说在压力下可以工作得更好呢?说到积极的压力,它会给你紧迫感,让你产生工作能量。你可以在压力下很好地工作,但这在很大程度上要取决于我们的角色。压力也许很大,但却非常令人兴奋,就像蹦极跳。一般的理论讲,人的性格可分为 A、B 两种类型:那些在压力面前行动亢奋和相反在压力面前非常放松的人。我们通常会告诉 A 型人要放松,而要求过分放松的 B 型朋友行动积极些。当你认识到个性的不同时,就不要再乱提建议,而且事实上,越是告诉他们要在压力面前放松些,就往往越是适得其反。因为有些人从事的是特殊类型的、有压力的工作,例如消防员、外科医生、警察以及股票市场上的商人,这些人总是奋斗在这种肉搏战式的工作中。

未来的策略是将焦点放在对负面或有害的压力以及正面积极压力的认识上。做到这一点的一个途径就是去认识负面压力的表现和症状。这些症状包括:头疼、背痛、呼吸困难、高血压、失眠症、消化功能紊乱、溃疡以及结肠炎。

心理上的信号包括在困难环境中过分感情化、行为具有攻击倾向、不注意个人行为和表现、注意力不集中、难于做决定以及低的自我价值实现感。

负面的压力可以被消除。非常有趣并值得注意的是,日本正式确认了一种称为"卡罗斯比(Carrosbi)"的状况——由于太多的工作而产生的压力所导致的死亡。然而,事实上,我们人类能够应付非常大的压力。

积极的压力能够提高工作兴奋度,产生更多的工作能量,提高思维清晰能力和创造力,同时能在持续、快节奏的工作中取得成果。这些都为那些创造了历史性突破的科学家和成功团队所验证。

二、压力对团队的影响

对团队而言,团队是由人组成的,而人由于会受到压力的影响从而也会影响到团队。那些爱搞分裂的团队成员可能并非是吵吵嚷嚷、争强好斗的人,而那些沉默寡言、容易产生敌意、爱生气的人,他的个人问题越是难以克服。那么,团队应当如何应对由于成员而产生的压力呢?

【案例 4-1】

在一个长假中,一名团队成员自杀身亡。其他希望能和别人相互寻求安慰的成员被提供给咨询员。不幸的是,由于咨询员没有经过良好的培训,他对团队成员的影响导致了另外一名成员精神失常。

这是一个令人难过的例子,有害的个人压力造成了多米诺式的连锁反应。因此,首要的一点就是要认识到压力是现实生活的一部分,要明白无论是积极的还是消极的压力都是使人继续向前进步的动力。这是由一家药品公司(Zeneca Pharmaceuticals)所提出的策略,他在他的组织中提倡认识压力,同时他还提供相关的支持和培训,使员工能具备应对压力的技巧。这种主动认识压力的关键在于,压力被明确提上日程,同时能够公开地进行谈论。而通常情况下,压力往往被当成一种弱点的信号。没有一个人愿意让别人认为自己没有能力胜任目前所干的工作。

涉及不是由于个人性格而在员工中产生的压力包括:缺乏对工作负荷的正确处理、缺乏工作信心和对工作的理解、缺乏行为的反馈信息。能够谈论这些话题,就可以在情况变得失控前除去隐患。而这对于团队来讲是再理想不过了——公开地讨论压力，能够使大家认识压力，并从团队成员的相互支持中找到最佳的解决方法。既然属于团队，就应当给团队成员提供机会，使他们能自由地和同伴相互倾吐遇到的问题。

虽然你也许不赞成将问题带到工作中去，但反之却恰恰是正确的。隐藏问题，或不去认识问题的本质，只会让问题留在团队中而无法解决。团队应当认识到人的因素，这样就不会搁置个人问题。对个人提供必要的支持，会使得团队不断进步。

三、团队自身产生的压力

现在让我们看一下由于团队自身的原因而产生的压力。当前，组织所处的环境变化无常，随着快速的技术更新和竞争的日益加剧，要求组织和团队有更强的灵活性。团队必须发展自身的创造性，以便解决各种压力给团队所带来的影响。

团队本身就是一个复杂麻烦的场所，不只是因为团队成员是第一次相互合作，更为难办的是他们是由不同的领域参与到这个多功能的队伍中。压力发生的第一刻就恰恰在团队形成之时。新的团队就像新生儿，在丢弃原来的工作习惯和环境之前，他需要时间。在这点上，领导方式和来自组织的支持非常关键；同时团队需要一种安全感，以便在没有监护的情况下能够进行自己的工作。

从总体情况上看，团队的要求通常不能被了解，同时，同组织的沟通量也微乎其微。团队的建立是由于领导的一时兴起？他们应怎样同组织的其他部分进行沟通？组织能够支持团队文化吗？在组织选择团队方式和团队的形成过程中依然没能解决的问题有以下几个：

- 团队将存在多久。
- 团队的工作中心是什么。
- 决策将如何制定，同时这些决策将对组织的其他部分产生什么样的影响。
- 团队成员应对谁负责，培训策略是什么（为维持团队的继续发展）。

尽早回答以上问题，能够确保团队平稳地发展。

【案例 4-2】

某公司在雇用方式上就很强调水平的组织结构，在这种结构中，晋升的可能性较小。这样的团队环境正是那种希望在一个有创造力和不断进步的环境中工作的人所期望的。由于认识到压力源于团队内部，所以这种团队战略不排斥后来者，同时可以允许一个轻松的团队氛围。

团队领导往往不能清楚地认识自己的角色，尽管他希望团队能够兴旺发展，但实际却依然停留在工作要求的最低线和满足顾客最基本的期望。团队领导，这时本应是关键人物，却因为以下原因而没有发挥作用：

• 困惑——团队需要多大程度的指导，我应当干涉到什么程度，让他们继续下去是不是不好。

• 害怕被别人指责为老套的独裁者，不能稳坐泰山、正确地调派团队。因此，与其那样还不如懒惰一些为妙。

• 害怕由于没有领导团队所需的技巧，而需要额外的培训和支持。由于在团队形成过程中，要应对各种各样的变化，这些就都成为团队形成过程中所经受的压力。

【案例 4-3】

一个已有三年历史的团队非常不情愿地接受了一名新成员。这名成员感觉不够敏锐，而且在新的团队环境下依旧我行我素。同时，由于他是成员中唯一的黑人，情况就变得更加糟糕，团队中充满了各种种族言论。而团队的领导既不知道是否应当涉足此事，也不知道如何涉足。很不幸，他为这种消极措施付出了代价：当团队需要咨询专家来对团队的分裂状况提供建议时，这名成员以及团队领导都不得不离开，团队也不得不进行彻底改革。

你可能认为当团队进入正常运行的阶段，就会风平浪静了，但事实并非如此。团队常常可以非常容易地建立或重新建立，改善理论的这一过程要求团队必须坚持进行评价和再评价，这虽然会引起变化，但一般很小。变革本身会带来压力，即使是正确的变革。属于一个团队几乎可以说是一种压力的体验。压力源一般不会变化，能发生变化的是我们对压力的反应和应对措施。改善理论所提供的变革，要求引发出积极的压力，以便激励团队，使团队前进。这种变革可以是团队内部的，也可以是外界施加的。团队正是由于经历这些变革，才不断发展了应对变革的技能。

【案例 4-4】

一个崇尚团队管理方式的医院，受到了来自政府新颁布的一些规章的影响，而不得不将日常工作丢到一旁，重整旗鼓来对付即将到来的危机。他们的结论是，必须专门有一项工作用于关注政府的近期动向，这样一旦这些动向出台，相关人员就能灵活应对。

下面这种情况同那些团队无法控制的变革情况正好相同，但它同样也会破坏团队。

【案例 4-5】

某地方政府决定驱除官僚作风，以地区为基础建立小的团队，来更好地为地方居民服务。团队建立时期一直处于不好的氛围中，这来源于过去的一场罢工，这场罢工曾经在几年前使工人分裂。双方的工人需要面对面寻求解决方案，以便今后能共同工作在一个较好的环境中，建立团队本身就是很艰辛的一个过程。最终确实有所收获——双方寻求到了前进的方案，今后他们将在一起工作。然而，事情却又发生了变故，地方当局认为这三个地区建立团队不是他们所希望的，团队需要解散，并且在其他地方由新的成员来重新组建，这就使一切又脱离了轨道。然而团队成员却从中取得了经验，他们知道，团队被重新组建时的压力会导致消沉以及对过去的渴望。

当公司合并时，同样会发生类似的问题，这就使得不同组织的文化难以共同存在。由于在这种类型的合并中，总有一个组织会站到统治地位上，这样，所有的员工将必须去应对指责和官僚主义。这些人会有一个艰辛的学习过程，其中的一些人会因为无法处理压力问题而不得不离开。

【案例 4-6】

在合并开始前，两个团队一直为不同组织工作。这次合并被看作是为今后的永久合作而采取的方式。两个团队同团队的领导一样，认为这将是一次成功的合并，并成为其他公司的榜样。结果看呀！这种工作方式没有考虑两个团队的文化差异。团队的领导工作被看作是提升自己的团队业绩的工作方式。这样，两个团队没有成为一个整体，反而是划出了分界线。

当团队不断进步发展时，会有以下压力开始产生：

• 分裂分子，因为对他们而言，团队发生的变化太快、太迅速；或者是分裂行为。而这些问题在团队建立时期是不会发生的。

• 不利于团队的行为有所抬头——成员开会迟到或不参加会议。

- 由于每个决策需要全体同意,而使得团队决策发生困难,团队常常陷入决策的过程无法得到结果。

- 由于其他团队或公司的某些部分有新的变化,使得团队无法专注于工作。

- 边界问题——什么是你的,什么是我的、我们的? 不同团队成员的贡献的所属权问题。

四、变消极压力为积极压力

既然已经能够认识团队压力产生的基本原因,我们就必须寻求解决方法。

(一)建立沟通渠道

第一步,也是最重要的一个方法,就是建立一个环境,使压力能够在这里进行沟通。在团队形成初期,就必须就恐惧和焦躁这些问题同培训领导或团队外部的咨询人员进行探讨。这一点是早先提及的,针对个人压力的措施。然而并非每个人都愿意在全体成员面前谈及个人压力,因此,必须建立起恰当的沟通渠道。

团队领导应当能涉足每一个问题。团队领导和成员在如何解决压力问题上所达成的共识必须包括向团队的咨询。这些咨询包含信息共享以及如何减少压力对团队的影响。这两点对于阻止流言、不满等对团队的侵袭非常关键。有什么比在私下里议论"为什么××不能胜任他的工作"这样的事更糟呢? 同时,这也是建立这样一种文化的开端——没有相互指责,不会在会议上相互攻击。

【案例 4-7】

团队在如何对付分裂成员上遇到了困难。虽然这位成员的观点有一定价值,但他尖刻的交流方式,无视其他成员观点的做法,加重了团队成员对他的敌意。团队领导给团队成员提供两条途径来解决这种情况。或者让大家以团队的方式解决,或者领导私下单独对他进行批评。团队成员要求以团队的方式,让外部有关咨询专家来解决这一问题。尽管团队领导觉得以私人的方式就可以将这一问题解决,但最终还是同意了大家的要求,并将这看作是一次团队的学习体验和重新审视自己以及团队制度的机会。

(二)认识到变革会带来压力

下一个紧接的步骤应当是认识积极的和消极的压力,这些压力是由于改善理论强调团队的不断进步而必然造成的。熟悉由凯瑞·考那的《管理变革的速度》一书中描述的对变革的反应是我们认识的起点。他基于罗斯(Ross)博士对死亡及垂危的研究工作,将对变革的反应模式描述为拒绝接受、生气、讨价还价、消极沮丧到最后的接受。

实际上,变革也是死亡的一种形式,内容包含在接受前的否定、生气、讨价还价、消极沮丧。然而,对变革的反应可以是一条积极曲线,包括盲目乐观、知悉事实后的悲观、逐步认识以及到最后的乐观。通过运用沟通、深入员工中进行调查了解、树立典型、鼓励和参与员工发表他们对变革的认识,改善理论的学习曲线可以同这条积极曲线相吻合。这时,对变革就有所准备了。当再次经历同样的不确定的事情时,对变革过程中的起起落落和有所意识,就能够保证团队的正常状态。

【案例 4-8】

　　在许多培训会议中,我发现,仅仅是介绍变革所产生的影响就能使参与者立刻发现他们曾经走到哪里和将来会走到哪里。同时,他们也非常高兴地发现不同领域的同仁也经历着同样的历程。

　　给团队喘息的时间:对于团队来讲,下一步就是进行休息,也就是在变革之间的暂时停顿。在团队投入到下一次努力和为取得进步而进行变革之前,团队需要做一个深呼吸来庆祝前一阶段所取得的成绩。如果团队成员在一段紧张工作之后要求休息时间——给他们时间休息是值得的。坐下来庆祝取得的成功是一个充电的过程,这为将来取得更大的进步做好了铺垫,同时,能激发积极的压力——那种有激励作用的压力。此外,团队需要固定的喘息时间——不仅仅是同变革浪潮相随的间歇。不管这样的休息是一年一次、两次或更多,它都能给团队时间来重新审视自己,从而使得团队能够将视线从眼前的事情上移开,来关注一下未来。通常"你干得怎么样?"这样的检查方法能揭开一切问题——无论是现实的还是感觉到的。对团队优势的重新估计可以给团队带来极大的效果。

　　有时,额外的培训和同高一级领导的沟通对于支持团队也是很有必要的。在这时,团队也许会被要求完成一些不同的任务来扩大其能力。在某些点上,团队领导需要决定怎样能更好地开展工作——或者是让团队自己寻求解决方案,或者是在团队力不从心时为其提供解决方案,比如同其他团队进行接洽或接触一些平时很难接触到的运作方式。

任何关于解决问题的训练对于改善型团队而言都是非常关键的,因为这不仅能确定那些需要立刻解决的问题,而且可以发现将来的一些问题。同时,这不会因为对未来的问题的发现而转移目前的视线,而是通过对手头问题的解决来给未来一些启示。同时,明确指出未来问题何时可以解决对于团队非常重要,这样,团队才能够清楚地看到未来。

(三)保持激励

避免不确定的压力(可能是由于某项目的失败而带来的)的另外一条途径,是确保团队始终处于被激励的状态。这对于有平行组织结构的组织来讲尤为重要,因为在这种组织中晋升的可能性几乎没有。

举行会议、到其他相同领域的公司参观以及共享公司信息都能激励团队。这些有利于创造性思维的发挥,可以减少消极压力,并将其转化为积极的动力,从而有利于新的想法的产生。

(四)团队领导的角色

团队领导在避免压力的危害和应对压力的过程中所担任的角色也非常重要。其中一个关键角色是成为发展团队同母公司之间关系的桥梁。这是因为,团队在组织中的地位必须稳固。

有关团队同母公司之间如何进行接洽的决策常常成为团队领导角色的组成部分。团队领导必须认清,他或她的角色同团队的决定息息相关。专制的决策方式可以加快某件事的决定,但会破坏团队自我向前发展的能力。民主决策鼓励全员积极参与,但所需的决策时间较长。全体表决的决策方式能得到团队所有成员的支持,但往往是基于确保全体参与的一种折中。民主决策可使团队向前发展。关于决策类型的使用必须有清晰的界限。

第五章 团队领导

一、领导概述

在变化迅速、竞争激烈的今天，领导工作的范围已远远超出了传统狭隘的概念范畴，领导工作的科学化和高艺术，越来越显得紧迫和重要，它对获得最佳领导效益，保证最佳群体效能的发挥，实现群体目标，推动人类社会的发展，起着重要的、不可替代的作用。只有科学的领导才是有效的领导和成功的领导。

在本书开始之前先让我们来看一些有关领导的概述。"领导"一词可指英文的leader，也有 leadership 的含义，所以对它的定义，历来是仁者见仁，智者见智。为了充分了解"领导"的含义，我们先简单看一下几位重要的学者对于领导者和领导的定义。

首先当"领导"指的是领导者（即英文 leader 的含义）时，按照社会学辞典解释："广义言之，领导者系指以声望、影响力或地位能启发社会行为、组织和控制社会行为的人而言；简言之，在社会行为上能激发有效刺激的人，亦即对他人的行为具有影响作用的人。狭义言之，领导者系以其说服的能力，领导别人使其心悦诚服地接受领导的人。"拉斯威尔（Lasswell）与开普兰（Kaplan）合著的《权力与社会》（*Power and Society*）一书认为："一个团体的领导者就是主动权力的掌握者和实施者。"著名管理学家西蒙认为："领导者是一个团队内团结群众去追求共同目标的人。"赛尔通斯特尔（Saltonstall）则认为："领导者就是具有相当的影响力和职权，以使受雇者能满足他们在其工作环境中的需求。"

以下是当"领导"代表的是一种具体行为（即英文中的 leadership 的含义）时，对这一含义的各种解释。高德纳认为："领导就是某一团体为了达成一项或多项团体共同的目的而采取的共同行为形态的某种激励。"秦德认为："领导是影响他人使其合作无间，共同趋向于他们所期望的目标和活动的力量。"还有人认为，领导是"协调和刺激个人与个人，个人与团队的利益冲突，以达到所期望目的的一种艺术"以及"具有影响力的人对他人行为的一种影响力量和影响的过程"。

以上是对"领导"一词所做的不同解释，虽然都能够自圆其说，各有道理，但到目前为止，还没有大家公认的说法。我们认为，领导（leadership）是一个人以其实际的综合能力去解决组织团体中的有关问题，而且能够影响组织内的成员接受他的领导的一个过程。换言之，领导在其本质上应包括影响力，而这种影响力并非完全来源于组织内的权力地位，还应包括领导者的自身影响力。因此，影响力和权力，并不是统一的。在组织团体中处于权力地位的人，有时并不具有相应的影响力；有的人虽然不处于权力地位，但对他人的影响却不可忽视。所以把领导者看成具有影响力的人，不仅可以改变常人所持的一般领导的观念，而且可以使我们对团体领导有一个更新的了解和认识。本章所指的领导并不只限于组织中处于领导地位的领导，凡是能起到领导者作用的人都可以说是领导者。

管理者与领导者是有区别的。领导者指的是那些能够影响他人并拥有管理权力的人。而管理者是被任命的，他们有合法的权力进行奖励、处罚和对团队的管理，其影响力来自于他们所在的职位所赋予的合法权利。相反，领导者则可以是任命的，也可以是从一个群体中自发产生出来的，领导者也可以不运用正式权力来影响组织中其他人的活动。所以，不是所有的管理者都是领导者，也不是所有的领导者都是管理者。但在理想情况下，所有的管理者都应成为领导者。但是，并不是所有的领导者都具备完成其他管理职能的潜能，因此不是所有的领导者都处于管理岗位上。一个人能够影响别人这一事实并不表明他同样也能够计划、组织和控制。但这一点在本书中并不做侧重，本书的重点是讨论身为经理人的人怎样才能成为理想情况下的领导者，起到领导者应有的影响作用。

领导者之所以区别于管理者，还有其更深层次的原因，这便是领导者影响的来源，其领导的独特内涵。这些内涵的外在表现便是领导者的日常工作行为。当下属观察到这些行为时，会把它们自然地归因为伟人的或杰出领袖的领导能力。有领袖魅力的领导者有四种共同的能力：令人折服的远见和目标意识；能清晰地向下属表述这一目标；对这一目标的追求表现出一致性、坚决性和全身心地投入；清楚地了解自己的实力并以此作为资本。

这些能力的来源是领导者本身所具有的品质,这些品质是:

1. 自信

领导者为了使下属相信他的目标和决策的正确性,首先要自己表现出高度的自信。自己都不相信的东西是无论如何也不可能让别人相信的,这是谁都明白的道理。

2. 诚实与正直

领导者只有通过真诚与无欺以及言行高度一致才能在他与下属之间建立相互信赖的关系。领导者之所以有其无可比拟的影响力,主要原因便是他有与下属之间牢固的相互信赖的关系和在这种关系维系下形成的忠实的追随者。只有勇于和敢于承担责任,才能面对作为领导者将面临的一切,成功地在领导工作中建立起自己的威信。

3. 领导愿望

领导者有强烈的愿望去影响和领导别人,这种品质表现为乐于承担责任。只有勇于和敢于承担责任,才能面对作为领导者将面临的一切,成功地在领导工作中建立起自己的威信。

4. 智慧

领导者要有足够的智慧来收集、整理和分析并适当地应用大量信息,并能够确立目标,解决问题和做出正确的决策。作为领导者,其目的不是去影响别人,而是在影响力的作用下去带领整个团队实现目标、发展壮大,因此一个成功的领导者一定要有一个足够智慧的头脑。

5. 进取心

领导者表现出高度的工作积极性,拥有较强烈的成就渴望。他们进取心强并精力充沛,对自己所从事的活动坚持不懈,有高度的主动精神和进取精神,他们追求完美,进取永无止境。

二、领导者所具备的艺术品质

一个成功领导者的工作不仅是一种行为,其过程还是一种创造过程,因而领导在一定程度上说是一种艺术,即领导艺术。领导艺术是领导者运用自己的知识和经验,以自己本身素质为基础,在领导活动和组织工作中所表现出来的领导技巧和领导技能。它是领导者主观能动性的具体发挥,是一种创造性的领导方式和领导行为。

成功的领导者所表现出的领导艺术一般具有以下几项特征:

（一）直观性

对每一个领导者来说,他在思考分析和处理问题时,并不是具有一定的规范和程序的,而是根据不同的时间、地点应需而变的一个成功领导者的工作不仅是一种行为,其过程还是一种创造过程,因而领导在一定程度上说是一种艺术,即领导艺术。是结合具体条件,凭借直接观察所得到的信息,进行推理判断来认识和处理事物的一种能力。因此,每一个领导工作都有其随机的不确定性,都是直观的,可以分析的,而不是遥不可及,不可触摸的。

（二）创造性

领导艺术凝聚着领导者的创造才能,它是指挥者的智慧和才华的结晶,是对整个组织团队和组织团队外部条件的艺术性把握,具有与众不同的独到之处,是带有鲜明的个性烙印的。

（三）动态性

领导艺术的源泉是领导者的个人知识、阅历和经验,它不是一成不变的,而是随着领导者本身知识的积累、经历的丰富、阅历的增加和素质修养的不断加强,随着领导科学的发展和应用,实践经验的积累和充实,进而不断完善和发展的。因而即使是同一领导,在其事业的不同阶段,其领导风格、领导方式也是不尽相同的。

（四）灵活性

领导艺术是领导者在思考和处理日常事件时,针对实际情况的变化和当时条件的约束,做出反应的一种应变技能。它不只是明察秋毫,而且要具有适应变化的应变能力。这种能力来源于以前经历的磨炼,是应变艺术不断得到培养和加强的结果。

（五）多样性

领导艺术是一种生动活泼、丰富多彩的工作技能。不同的领导者在处理相同的事情时,往往表现出迥然相异的风格,即使同一个领导者,由于时间、地点和条件的变化,也会有不同的解决问题的方式和方法。但这种多样性,并不排斥领导工作的有迹可循,无论怎样变化都是有一定原则的,只是达到目的的手段不同和遵循客观规律的形式不同而已。

关于领导艺术,虽和具体的领导者有关,但又是区别具体领导者的一种统一的东西。领导艺术必须通过学习才能获得,而且只能够通过学习获得。美国管理学大师彼得·P.德鲁克也承认,"可能的确存在天生的领导者,但这种人太少,根本不可能成为主流",而能够有机会施展其才能的人就更少了。绝大多数人的领导才能是通过后天的学习获得。即使一些类似先天性的东西如领导者的气质、性格、处世态度也离不开后天的影响和自己有意识地培养。

人们在强调领导是一门艺术的时候,也绝不能否定领导是一种技术和具体的工作,甚至强调领导是一门技术有时候显得更为重要,因为这样不会使领导方法显得难以把握和不可捉摸。而且,实际上领导工作也是有迹可循、有法可依的。领导技术是由一系列的方法、技巧、工具和基本制度构成的,使用和掌握这些技术需要调动领导者的智力、观察力、预见力以及文才、口才和本身各种先天及后天的素质。

但领导既是一门艺术,它与一般意义上的经营管理还是有区别的。在生活中常有这种事:能把各方面工作安排得井井有条并且效率很高的人往往坐不到最高位置。这一现象形象地体现了领导和经营管理的不同。美国南加利福尼亚大学商学院的沃伦·本尼斯教授说:"经营管理人员的目标是使事情按照应该有的秩序进行。领导者的目标是做应该做的事情,去寻找和决定下一步应该做的事情。"一位职业经理要是没有了管理对象,就什么都不是;但是一位卓越的领导者辞职了,往往还会带走一大批追随者。这在实际生活中是不乏先例的。

领导艺术的不断发展和日益得到重视是时代发展的需要。卓越的领导者需要既有远见,又有做到应该做到的事情的能力,他们决定资源的配置、权力的授予,并且管理最精明的下属去实现自己和组织的目标。知识化社会迫使每一个人都必须拥有学生的心态,终身学习。只有不断学习领导的方法和技术,掌握高超的领导艺术,在未来的岁月里,才有更大的可能向前迈进,取得最终的成功。

三、领导者的权力

众所周知,领导者的工作包括:应付各个群体,做出各种决定,召开各种会议,经营各种业务。尽管他有这么多责任,但他同时也拥有这么多的权力,因为权力是责任的伴生物,没有权力的责任和没有责任的权力都是不可能存在的。

总裁们拥有权力，可以使工作按照常例正常运转，很少分心。

——保罗·豪顿斯

领导者大部分工作实际上就是行使权力。他的权力有一部分来自他的头衔，但大部分来自他的影响。有一位总裁曾经说，"权力来自身上老是装着五千美元现金；它使我成为头头"。这说明，权力在以强迫形式出现的同时，更多时候是通过被实施者的自愿来达到目的的。让我们来看这样一个例子。有一位大学刚毕业的学生希望在一家公司里找到一份工作。面试他的刚好是总经理，这位总经理思维活跃，不到 30 岁就事业有成。当学生正在陈述他对组织管理和权变领导的心得时，总经理突然打断他的话说："这些都是课本上讲过的，没有一点实际作用，做管理只有一件事要做，就是如何将你的意愿强迫加于别人身上。"这位总经理大概太强调"强迫"了，其实，管理人员的重要任务是"影响"他人的行为。虽然其目的是相同的，即让别人接受你的意愿并按其行事，以达到你所希望的目标。这个例子中"强迫"讲的更多的是职权，而"影响"则是指"影响力"，两者的统一便是一个领导者权力的体现。

我们先来看三个被广泛应用的概念：影响力（influence）、权力（power）和职权（authority）。尽管它们用得很广，但仍然没有一致和被普遍接受的定义。本书的定义如下：

影响力：影响力是追随者对领导者命令、劝告和建议，即自觉地对领导者的某些举动的反应。影响力是没有任何具体的形态，也是无法得到具体测量的，不是别人给予的，也不是人人都能拥有的。

权力：权力包含个人及职位特性，这种特性又形成影响这个领导者潜在影响力的基础。它是职权和影响力的统一，而不仅仅是一般意义上的"职权"。

职权：职权只是正式组织所授予的权力基础之一。有人成功地影响了其他人，我们认为影响者具有权力，因此影响在某种意义上便是权力，而且影响必须要靠权力，但职权则不同，影响力与职权是两个既联系，又有区别的不同概念。

（一）权力的具体表现形式

通过以上的论述，我们对权力已经有一个大体的认识，下面我们从合法权、专家权和亲和权三个角度来描述权力的具体表现形式。

首先，让我们来看合法权（legitimate power）。合法权来自于追随者内化的看法和观念，认为影响者有合法的权力影响他，他有义务接受影响者的影响。合法权是传统影响力系统的核心。而且传统体系中的领导职位都具有正式职权。在一定意义上，职权

是主要的合法权。企业领导的合法权有以下五种内容:

(1)强制权:强制权来自于追随者感觉到影响者有能力惩罚他。使他痛苦或不能满足某些需求,并基于这种感觉去做一些事情。

(2)职务权力:这种权力来自总裁的职务和地位。

(3)监督权力:当总裁领导职称时,他运用监督权。

(4)美元权力:总裁掌握财政大权。

(5)奖赏权:奖赏权来自于追随者感觉到影响者有能力奖赏他、使他觉得愉快或满足某些需求。

其次,是专家权(expert power)。专家权来自追随者感到领导者具有专门知识技术,可以满足成员的需求。这种专门知识、技能或者别人没有掌握的本领,就是专家权。如发明一种攻克癌症的办法的人将在全世界具有极大的影响力和威望。对某人进行指导的导师具有专家权力。当人们需要会计专业知识的时候,会计师就有了专家权力。当你需要数据处理专业知识的时候,数据处理人员就拥有了专家权力。由上可见,并不是拥有知识和技能便拥有专家权,这种知识、技能必须是相对稀缺的和别人需要的,才能形成专家权。

最后,是亲和权(referent power)。亲和权来自追随者的渴望,渴望认同于领袖而且"盲目"信从他,如果成员遵守领袖所讲的话,就可以维持这种认同。这是一种魅力权力。这是一种无可争议的、看不见摸不着的能力,魅力是没有什么道理好讲的。有些总裁尽管把一个公司搞垮了,但他仍然有可能被认为是一个杰出的、具有魅力的"社区商业领袖"。可见这种权力并不是来自于其所在的职位,也不是来自于其在工作中起到的作用,而是来自于其本身的魅力,是领导个人修养和素质的综合产物。

随着权力的逐渐扩大,领导者的权威和效率也提高了。领导者自然而然地具有职务权力。如果他是靠自己的专业知识而创建公司或在公司中工作,那么,他就具有了专家权力。随着公司的发展和财力的增加,他又有了美元权力。由于拥有了职务、专家和美元权力,监督权和奖赏权自然也就有了,雇用人和解雇人,全由他说了算。但是,只有当一个总裁具有做人的工作的本事时,他才能拥有魅力权力。

要做一个成功的领导者,就要不断地努力扩大基于个人威望的权力,而不是依靠职务权力。因为有效的权力不是来自职务或金钱,而是来自人品。权力的获得和不断扩大还在于不要使权力被使用得过分频繁或不适当,这样它的效力就会丧失。不公平地使用权力,也会遭到质询和非难。

（二）领导者的影响力

在这里,我们将着重讨论领导者的影响力。大家都知道要影响他人就要迎合他的需求,如果你拿着手枪顶着一个人的太阳穴,然后告诉他如果不照你的话去做,就要杀死他,通常情况下,他当然会听命于你。但这种影响力是有例外的,也不会持久,甚至有可能带来相反的后果。这说明:在影响过程中,追随者的分量至少和领导者一样重要,甚至更重要。由追随者决定到底要不要服从往往决定影响过程是否成功。也许追随者没有选择余地,也许他不会考虑其他选择,无论如何命令是否被接受是操在追随者手上的。

从以上论述中,我们可以看出,影响力是有很多种的,并且手段、效果也不尽相同,从其产生的原因来划分主要有以下几种:

1. 基于威胁的影响力

在人类历史上恐惧可能是最普遍的影响系统之一,甚至在人类跨入 21 世纪的今天也如此。害怕受到心理或生理的伤害在各家庭、群体、军队中是很普遍存在的。例如在企业中,常因担心失业或减薪而造成恐惧感。

在恐惧产生的影响力下,部属是否同意命令或了解命令的原因并没有多大关系,影响者所关心的只是部属是否有能力执行命令,当然如果部属了解也同意命令,强制的压力也许会小一点,但命令的执行却绝不容许改变。

虽然威胁作为管理手段相当吸引领导者,但是它也有个最大的缺点就是成本太高。采用这一手段的领导者必须时常盯着下属,以发现不按规定的行为,并为了维持下属的恐惧一定要加以处罚。这样便使得处罚和监督的成本都很高昂。

此外,恐惧本身就可能导致失效,在长期的恐惧压力下,人们对恐惧不会再有任何感觉,并有可能在长期的压力下爆发出相反的作用力。这是任何一个领导者所不希望看到的。

2. 基于传统的影响力

传统习惯大概是历史上产生影响力最普遍的方式,这种传统习惯可能起因于恐惧,然后对恐惧的服从经过内化和制度化,融入了社会的阶级结构和人们的意识形态。对影响者的服从可能由于尊敬他的高明之处,也可能由于社会习俗,认为服从他是天经地义的。由此可见以传统为基础的影响力的最大优点在于:具有正面的激励作用而不是使人因恐惧而不得不服从。并且影响力来自于职位而不是来自于占有职位的人,这种"对位不对人"的影响力带有稳定性和可预测性。即使换了人,影响力依然存在。正因如此，系统的影响力也就有了一个最大的缺点，便是对影响力的发生者，其影响力与本身的能力没有了关系，于是这种影响力也就成了基于盲目信从的影响力。

3. 基于理智信从的影响力

假设我们能够计算所有影响事件的次数，会发现最普遍的影响过程是透过理智服从，这在管理人员和技术人员中表现尤为突出。追随者基于某些证据，相信领导者有足够的知识和能力，而且做事确实有其自己的原则和道理，因而愿意服从领导者。所以在这种影响力下，下属之所以服从可能因为他了解行动的缘由，而且同意这是解决问题的适当行动。

在这种影响力发生的过程中，领导者要有更多的主动精神，即领导者要对下属解释，这是对下属最基本的尊重。这种方式等于是说："我认为你有能力和知识了解我所说的，而且我花时间跟你解释说明我尊重你。"因此，下属觉得领导者对他相当尊重。

有这种影响力的领袖多数是依赖他的亲和权和专家权劝服追随者，而不以命令方式使追随者服从，这样便让下属觉得自己已分享了领导者的权力，不觉得被领导者统治。行动的成功又反过来增强了领导者的权力，结果下属就会基于理性而信从领导者对其的领导。

如果领导者按照理论，前后一致地运用上述种种影响过程，一定会有效。但不能保证任何一种影响过程，在任何对象和情况下都能成功。因为在实际工作中，影响力不会单纯地来源于权力、传统或者说理智，更多情况下是三者的结合体，而如何成功地把握三者的成分，正是一个成功领导者实施其影响力的关键所在。

在领导者实施影响的过程中，其结果是否会与其想象的一致还在于具体操作过程中的某些具体因素。追随者的工作动机和努力有赖于：

预计努力会达到领导者所设置的目标的可能性；

预计如果达到目标，领导者会奖赏的可能性；

预计奖赏能满足需的可能性；

所满足的需求的重要性。

于是，当满足的需求非常重要，奖赏便是满足需要的工具，如果通过努力达到目标并且得到奖赏的可能性越大，下属就会有越强的工作动机并付出更多的努力。

四、领导者的工作

前面我们已经讲过，领导艺术是存在于领导者的具体工作中，并且在日常工作中表现出来的,在这一节里我们来看一下领导的工作有哪些。

不同学者对于领导的任务有不同的观点,差异来源于他们对于领导的定义不同。我们认为领导的任务包括:计划、组织、协调、沟通、团结、指挥、激励、考核等八项。而这八种任务又包含在管理的四个职能中,按照最普及的管理学教科书(例如 P. 罗宾斯、孔茨的管理学教科书),管理的职能包括四个方面的内容:计划、组织、领导和控制。

（一）计划(planning)

计划是指为了达到组织的目标而筹划的必要的行动,以决定哪一种行动最为有效,并对未来可能的情况及各项条件加以预测。任何工作人员对于其工作,都应有事先的考虑,以便在执行时有一定的工作程序可依,因此拟订计划与决定工作标准是领导者的主要任务。只有事先明确行动的计划,才能使下属明确努力的方向和具体工作步骤。同时,如果让下属也参与到计划的拟定或者在拟定计划时充分考虑下属人员的意见和要求,对于培养他们的责任感,发挥他们的潜能,提高他们的工作效率具有很大的好处。因此计划除了对未来的行动或活动以及未来资源供给与使用进行筹划,指导一个组织系统循序渐进地去实现组织的目标,使组织适应变化中的环境外,还有协调领导与下属的关系,沟通整个团队的重要意义。

（二）组织(organizing)

组织有两个重要的方面:一是将组织内各种资源按照配比及程序要求,按效率要求进行安排;另一是指按照一定的规则为了实现一定目标将一群人组成一个团体或实体。作为一种行为活动的组织是指前一种含义。在这种含义下的组织事实上也是一种降低不确定性的手段。因为不能将无序的资源按照配比及程序的要求使资源在整合之初及整合过程中达到有序化,有效资源配置将成为一句空话。而这样一种有序化行为也是在降低预定成果或业绩获取的不确定性。由组织的四个含义可以得出领导的四个具体工作:

1. 资源配置

成功的领导有义务使一个单位内各种人力、物力和财力在适当的安排与配置下,获得合理的分工合作,以达到单位的工作目标。

2. 协调

协调是把组织内人员间相互间冲突的利益融合在一起,并以引导这些人员达到共同目的的一种工作。

3.沟通

计划决定后,就应该贯彻执行,要考核执行的结果,必须要做到组织内的有效的沟通。如果没有恰当的配合和有效的沟通,而使人员按照计划的要求去具体实行,那么再完美的计划也是空中楼阁,没有任何的实际作用。组织内各单位和个人由于都有各自的利益要求,容易造成单位内的本位主义,从而对整个组织的目标的实现有十分重要的影响作用。沟通的潜在目的是要各关系人对共同问题有彼此了解。可见,协调是为了使大家在行动上趋于一致,而沟通则是为了使大家在思想上互相了解,两者具有同等重要的作用。

4.团结

当人们在共同的工作中,因为思想交流和沟通而产生出归属感或团体意识时,便形成了所谓的组织。虽然工作情况、共同兴趣等因素都对团体意识的形成和加强有重要作用,但要把潜在的团体意识凝成坚固、稳定的工作团体,还需要领导充分发挥其团结功能。

(三)领导(leading)

领导是指组织的领导者进行的一系列指挥组织内的人同心协力去执行组织的计划,努力实现组织的目标以及协调组织内部的矛盾冲突等的一种活动。每一个组织都是由不同的人组成的,管理的任务就是指导和协调组织中的人,这就是领导职能。当领导者在激励下属,指导他们的活动,选择最有效的沟通渠道,解决组织成员中的利益冲突时,他就是在进行领导。最能体现领导者领导职能的是其对企业的生产经营活动、对各种生产要素合理使用的正确指挥。一个精明能干的企业领导者的有效指挥,在于他能随时了解外部环境,根据企业内部条件和外部环境,适时地提出企业的经营方针和经营目标,合理地把企业的人、财、物和供、产、销进行有机结合,使企业的生产不断发展。可见,指挥从某种意义上来说,既是企业管理的一项重要职能,又是企业领导的一项基本工作,还是企业领导者领导艺术的重要体现。它在企业管理和领导工作中占有十分重要的地位。

为了保证企业的生产经营按计划、有组织地高效、高速运转,企业领导干部必须善于使用自己的指挥权力,掌握有效指挥的基本原理,进行正确的指挥。

(四)控制(controlling)

控制是指根据既定的目标不断跟踪和修正所采取的行为,使之朝着既定的目标方向进行,以实现预想的目标或业绩。设定了目标之后,就开始制定计划,向各部门分派任务,雇用人员,对人员进行培训和激励。同时,为了保证事情按照既定的计划进行,管理还要监控组织的绩效,必须将实际的表现与预先设定的目标进行比较。如果出现了任何显著的偏差,管理的任务就是使组织回到正确的轨道上来。这种监控、比较和纠正的活动就是控制职能的含义。可见控制的主要目的便是使错误的行动得到改正,正确的得到保持。为此便有了领导的另外两个具体职能,即:考核与激励。

1. 考核

考核是指当工作计划与标准决定后,领导者对执行计划的单位和人员加以督促和考核,以确定工作计划是否得到了贯彻实施,是否偏离了主题的轨道,是否对实现组织的目标有利。

2. 激励

激励员工,使部属提高工作的兴趣以增加工作效率,这是领导者使计划得到有效、正确实施的法宝之一,同时也是领导的重要功能之一。从心理学的角度看,人的每一种行为都有其原因,如婴儿啼哭,表示他饥饿;部属顶撞上司,表示他有某种需求没有得到满足。因此要激励员工,一定要了解员工的需要。这就需要组织内有通畅的沟通机制,由此可见领导的各项工作职能是相互联系,不可分割的。

五、领导方式

(一)领导方式

不同领导有不同的领导方式,决定具体领导方式的基础是前面已经讲过的影响力的三种基础:威胁、传统、理智。

由以上可以看出,经理人在扮演领导者的角色时,影响力是非常重要的一面。简单地说,管理人员该用哪种影响力的方式,也就是管理人员应该采用何种领导方式,及其对应的权力、影响过程来投合下属的需求。

领导者的管理方式各不相同,但总的来说有两个极端,也就是两种基本的管理方式,即专权式和参与式两种。专权式投合低层次需求,即管理人员或多或少将自己的意愿加于部属之上;参与式投合高层次需求,要求部属有某一程度的参与。下面让我们来具体看一下这两种领导方式。

1. 专权式领导

不论影响力的基础是恐惧、传统或盲目信从,还是强制权、奖赏权、合法权和亲和权,影响过程都属于专权式的。当领导者告诉下属他要做的事,下属立刻服从时,这可能是因为下属害怕惩罚,或想得到奖赏,也可能是因为他觉得有责任服从或因喜爱领导者而且信任他的能力。在四种情况下的沟通都是单向的专权式的沟通,下属不问命令是否对实现组织的目标有利,也不了解下命令的原因,更不论是否同意,只需要服从命令。

专权式领导的基础主要有以下三点:

● 部属大都希望上司是权威型的人物,因为传统的教育就是这样教他们的。如果上司都符合他们的期望,过分考虑下属的要求和意见,会被认为懦弱,有不被部属信任的可能。

● 对大多数领导而言,专权式领导比较容易。他们关于人性的观点是:每个人都需要工作以满足低层次需求,所以不需要分析部属有哪些不同的需求。而且在这种模式之下,专权式领导非常有效。

● 工作大部分令人厌烦,而且许多人天性懒惰,所以专权式领导是必要的,否则下属会尽可能偷懒。

这种领导方式的主要优点是:

● 由于基于每个人生理及安全的需求只能用工作所赚的钱来满足假设,所以专权式领导最能预测行为,也最有效。

● 专权式领导不但公正而且明确,上司只要确定恰当的行为,宣布奖惩标准,判断下属绩效然后加以奖惩,无须改变部属的性格,也不要分析他们的动机或评估他们的生活。与迂回含蓄的其他领导方式相比,专权式显得更为明确。

● 专权式领导只要告诉部属如何去做,不浪费时间在讨论上,因而迅速而有效率。并且太关心员工反而可能会削弱管理人员处理困难问题的能力。

2. 参与式领导

管理方式是一种民主的决策与管理模式,主张在管理与决策中体现更多人的意见、看法与利益,从而得出更为正确的决策,并使决策达到完美,得到明确的理解和实施,最终达到组织的目标。参与式管理产生的基础有三点:

● 这种理论的假设前提是所有的人都有低层次需求,但却不一定非要靠一个工作才能满足,可能拥有多种技术、有许多工作可供选择,而且有些工作可同时满足高层次和低层次需求,这样结果会是员工会逐渐流向这种工作。

- 随着教育水准的提高，更多的领导了解人性的复杂，也知道人类渴望满足高层次需求。被领导者与领导者的教育水准，都已比过去要高得多，所以专权式领导已经过时，不能使人发挥所长。

- 实际上大多数的人并非天性懒惰，他们付出精力工作就像喜欢娱乐或休息一样自然；富有挑战性和激情的工作会激起这种人的活力，此外，令人挫折的工作可以修改成刺激满足欲望的工作。所以工作可以成为满足能力和成就需求的工具。

在这些理论假设的前提下，参与式的领导方式有以下几个优点：

- 参与式领导较之专权式领导更公正，因为上司尊重部属，充分的沟通使得彼此都了解对方的期望。

- 部属希望增加对上司的影响力，这是今日教育下一代的方式已经改变的结果。当今的教育更鼓励他们参与、负责、独立和自我控制，所以服从性不会像以前那么强。但相应增加了其执行决策的自觉性，因而使工作更有效率。

- 参与式领导下的组织成员，在工作时能自我指挥、自我控制，因而会投入更多精力因此产生更多创意、更有效率的绩效。有员工参与制定组织目标和工作评估制度之后，会使他们更了解目标及制度，因此工作会更卖力。

管理方式除了以上讲的两种大的类型外，从不同的角度划分，还可以分为不同的类型。事务型领导与变革型领导便是其中重要的两种。

事务型领导者通过明确角色和任务要求而指导或激励下属向着既定的目标前进，因而其工作的重心更为侧重日常的工作和组织的目标。变革型领导者则鼓励下属为了组织的利益而超越自身利益，并能对下属产生深远而不同寻常的影响。他们关怀每一个下属的日常生活和发展需要；他们帮助下属以新观念看待老问题从而改变下属对问题的看法；他们能够激励、唤醒和鼓舞下属为达到群体目标而付出最大的努力。在信息与需求多样化的今天，变革型领导优于事务型领导。

变革型领导是在事务型领导的基础上发展形成的。变革型领导所导致的下属的努力和绩效水平比单纯事务型好得多。此外，变革型领导也更强调领袖魅力。单纯领袖魅力的领导仅仅是想让下属适应领袖魅力就足够了，而变革型领导者则试图逐步培养下属的能力，使他们不但能解决那些由观念而产生的问题，而且完全能理解和解决那些由领导者提出的问题，从而自己寻找哪些工作是为组织目标应该做的，哪些不是。

(二)领导四忌

经理人处于领导的位置，高高在上，有时也会得意扬扬，如果没人提醒，就会十分危险。这里特别提出领导四忌,以引起作为领导者的经理人的重视。

1. 朝令夕改,优柔寡断——领导一忌

如果将领导者对整个组织进行领导的整个过程比做下棋,那么各人有各人的下法,但最令人讨厌的就是"悔棋",走棋之前不仔细想一想,出麻烦了,方知走错了一步。朝令夕改用悔棋来比喻是再恰当不过了。朝令夕改其实是领导者优柔寡断的表现,不但削弱了命令的力量,而且会逐渐削弱发号施令者的权威,老是"悔棋"也就没人跟你下了。同样号令改多了,这个领导的威信就没有了。没有谁愿意服从这种处事轻率,决策不顾后果的领导。这样的领导以后再发号施令或做工作将会越来越难,因为你已经使得你的部下无所适从,疲于奔命了。

所以作为一名领导者,一定要在平时就注意培养自己的坚定性,选择的培养方法可以通过各种游戏来完成,可以选择那种"一发而不可收"的游戏,如电脑里的"空当接龙"游戏,要迅速地移牌,而且永远不要用"撤销"键。当然,这种方法对于这个游戏已经玩得透熟的人士来说没有多大作用。但我们的主要目的是:在不断的底牌中快速地思考,并迅速地下结论,直到你的任务胜利完成或陷入僵局,失败多了以后,就会三思而后行了。这只是一个例子,各人应该有自己的方法。总之,要培养自己言行的"慎",所谓三思而后行。在日常的工作中,一旦决定了的东西就不要轻易地改变,即使这种决定有点小毛病,只要不对全局造成严重的影响就应"将错就错",当然这样说并非要我们的领导"执迷不悟,一意孤行"。每个人都有犯错误的时候,如果领导也如此执行到底,那么,这个组织就危险了。

2. 角色错位,越俎代庖——领导二忌

其实领导过程就是一场戏,领导者是这出戏的导演者,而部下及其他工作人员就是演员。角色错位的意思是导演亲自当上了演员,而且试图扮演每一个角色,如果真的出了这种事,我们常斥之为荒谬,可是现实生活中,领导过程中确实有类似的情况发生。领导者为属下布置完任务后,千叮咛万嘱咐,不能干砸了,属下还没有开始做这件事他便开始来检查了,名为检查,实为真干;明为指导,实为越俎代庖,具体指点着下属的每一步,就像操纵一台机器一样,结果自己指挥过分,吃力不讨好。

为避免这种情况发生,向下属下达任务时,只要交代清楚任务和要达到的目标就行了,至于如何去完成等都可以不作交代,留给属下一个思考的空间,培养他们的主动性及创造性。如果把什么都讲得一清二楚,万一发生差错,你就要承担全部责任,久而久之,部属将丧失责任感。有很多领导者就曾深有感触地说,往往有些东西交代得越具体,完成得越一般,而如果仅是指个方向,点到为止,却可以收到出乎意料的效果。

　　领导与一般人员的角色分配要明细,对下属的引导和培养要注意方法,对下属过分的操纵实际上是对他工作能力的怀疑,丧失自尊心的部属将会同样丧失工作的激情。使部下失去工作热情的领导者是最糟糕的领导者,名义上是他指挥着部下做事,实际上是他自己在做事,只是用了部下这台机器罢了。

　　3. 先入为主,印象用人——领导三忌

　　凭印象用人的原因往往是领导者对自己十分自信,或者说感性占了上风,凭借自己对某些下属良好的印象而重用他,这是领导者的又一大忌。

　　凭印象用人常常使得一些巧言令色的小人有可乘之机。他们对领导者唯唯诺诺,投其所好,让领导者觉得这个人用起来很合自己的意思。因为没有哪位领导者喜欢用不好用的人。领导者往往在自己的头脑中盘算:"甲最听话,乙不行,总是跟我作对。"在遇到较为重要的事情时,自然就会把事情交给甲做,对于甲是否真的比乙更胜任这项工作,领导者就说不清了,反正印象中甲比乙好用……作为领导者,凭印象用人常常使自己被蒙在鼓里,重在表面而忽略事物的本质。久而久之,每个人都争相投你所好,让你顿觉形势一片大好,实际上已是积重难返,众叛亲离,最后才发现坏事的恰恰是你认为用起来最顺的人酿成的。

　　凭印象用人最直接的表现是以貌取人,觉得面善,或拍脑袋,觉得某某人气度非凡,能做成大事,这是领导者受到各种外界因素误导而犯的错。其实,工作能力的差异与相貌并没有十分紧密的联系,只能说相貌好的人在某些方面较常人有一定的优势,但未必事事都强过其余的人。

　　凭印象用人还有先入为主的原因,就是如果某位属下做一件事,做得比较令你满意时,以后再遇到其他类似的事情时常常先入为主不假思索地考虑用他,这种行为其实是领导者懒惰的表现。他不认真考虑下属工作人员的分工配备,一旦某人干某件事情比较出色,便以后可能什么事情都找他做,而懒得找时间去仔细地分析、考察每个人的实际能力,尤其是不同的人在不同的具体工作上的表现。

　　凭印象用人一方面使一些庸才被领导重用;另一方面先入为主,则使不少真正的能人得不到充分的使用。

　　4. 言行不一,不讲信用——领导四忌

　　领导者必须具备的五项素质是:智,信,仁,勇,严。这里的"信"就是将领必须讲信用。"一言既出,驷马难追",说明人们对信用的重视和对讲信用的人的尊重。

　　现代社会是信用的社会,信用无处不在。向同事朋友借钱是靠信用,而领导者做工作也要讲信用。领导者要对自己说过的话、做过的事负责,这就是领导的信用。一个言行不一的人,常被人们斥之为小人甚至是骗子,而不讲信用的领导可以称其为赖皮领导,最终将会失去下属的信任。对下级不讲信用,会遭到他们的反对而失去应有的威信;对上级不讲信用,将得不到重用;对同级及组织外的其他单位失去信用,将会导致组织与外界关系的中断,这是组织公共关系的最大阻力。

六、领导决策

(一)决策在领导工作中的地位

领导者的工作一个重要方面就是做出决定。当然,是要明智地做出决定。如果你在职业生涯的早期阶段就表现出解决问题的能力,那么,你会很快得到提升。

吉姆·鲁普在经营自己的商业 20 年以后才退休。他说,"每当做出一项决定以后,我总是感到松了一口气。这就是为什么我做决定很快的原因。"

不管是达成一项协议、做出一个判断、宣布一个判决,还是下定一个决心,都是在做出一项决定。人们往往是根据一个主管做出结论并加以贯彻的能力来判断他的性格、勇气和决心的。只有那些多谋善断、果敢执行的人才会受到称赞,赢得尊敬。

决策对管理者每一方面工作的重要性是怎么强调也不过分的。决策渗透于管理的四个职能中,这也解释了为什么管理者常被称为决策者。一个管理者在决策制定中所做的一切,其中大多数都不是拖得很长的、复杂的,许多管理者的决策制定活动具有例常性。它提出极少的问题并常常能很快解决。这是一类你几乎不认为是决策的决策。管理者每天要制定许多这样的例常性决策。不过,即使一个决策很容易做出,或管理者以前已经遇上过许多次,并不妨碍它仍然是一个决策。

领导者的存在价值是建立在决策的基础上。他必须对决策有预见,做出决策,修改决策,明确地持赞成态度或否定态度,下放决策权,把做出的决定坚持下去等等。沃伦·巴菲特说,总裁的职业不外乎做出"一些考虑周密的决定"。

一般来说,领导者职能中的决策主要包括以下几个方面:

第一,在计划方面,组织的长远目标是什么？制订什么战略能够最好地实现这些目标？组织的短期目标应该是什么？就企业目前的状况而言,每个目标的困难程度有多大？

第二,在控制工作方面,组织中的哪些活动需要控制？如何控制这些活动？绩效偏差达到什么程度才算严重？这些都需要在经验的基础上有一个正确的判断，也就是决策。

第三，在领导工作方面，应当如何激励缺乏积极性的雇员？在特定的环境条件中，哪一种领导方式最有效？一个具体的变化将如何影响工人的生产力？何时是激发或解决冲突的最恰当时机？

第四，在组织工作方面，如何确定直接向自己报告的下属人数？组织中的集中程度应多大？职务和职位如何设计？组织何时根据什么环境条件实行改组？

作为领导者，选择在哪些事情上做出决定，哪些事情上不作决定，是同等重要的，都属于决策的范围。领导者可能被许多他们不应当管的事情缠身，只有明确什么该做、什么不该做，什么急、什么缓，才能更有效地做决策。

领导人要使自己指挥正确，必须做到多谋、善断。多谋就是要多调查、多讨论、多比较、多听各方意见。只有多谋，才能查明情况，从而选择正确的方法，避免指挥失误。善断就是要断得及时，断得正确。领导人要做到这一点，必须注意以下几点：

一是不对下级无建议的事做决定。企业领导人对下级提出来要解决的问题，不能凡事来者不拒，"有求必应"。

二是不对重复出现的决策做决定。企业领导人应善断非规范性的事情，贯彻例外工作原则，对于重复出现的事，要在成本效应基础上制定处理规范，明确有关职能部门去如何处理。

三是不对下一层次的事情做决策。如果企业领导人越级处理下一层次的事，不仅造成管理上的混乱，而且还会"吃力不讨好"，影响下一层次管理人员的积极性，造成责任不明。

领导者要做出正确的决定，必须注意以下事项：

首先，反复地问清一些问题。掌握的信息越多，做出的决定才能越好。通过问问题，可以超越人们的感情和纷纭的意见而弄清问题的本质。一定不能想当然，要多问。不管这些意见是来自一个比较年轻的职工，还是来自一个资深的长者，都应认真倾听，把所有资料凑到一起分析。这样，就可以减少做出错误决定的可能性。让人家发表意见。如果你不同意，要说出理由。让下属有机会和时间为自己的立场而斗争。

其次，把决定坚持下去。任何决定都不可能受到所有人的欢迎。要把决策坚持下去。只要不断征求意见，考虑所有的事实，力求完善，终究会被下属们接受的。

最令下属失望的，莫过于优柔寡断、议而不决的领导。在做出决定的过程中，你必须果断取舍。胜败之分，全在于择其善而从之，择其不善而改之。坚持决定，要有信心。

第三,确定一个时间表。得出结论,提出建议,采取行动,这一切都要有一个明确的时间表。处理复杂问题,应当有一个时间限度。限定时间得出结论,这样可以保证及时完成任务。一个正确的决定,如果做出的时间太晚,也会成为一次错误的决策。

最后,一定注意你对自己善于做出重大决策的能力要保持谦虚的态度。这是领导者的优良素质之一。因为做出正确的决定,可能是多种因素促成的。有众位下属的帮助,有宏观环境的促成,绝不是仅仅一个人就可以完成的。

(二)决策的分类和内容

首先让我们先来看一下决策的概念。所谓决策,狭义地说,即在有一个预定目标的前提下,在几个可供选择的行动方案中进行选择。广义地说,决策还应包括把决策理解为仅仅是行动方案的最后选择,或者说拍板,做出最后选择之前必须进行的一切活动。这是把决策理解为一个过程,因为人们对行动方案的确定并不是突然做出的,而是要经过一个复杂周密的思考过程。从决策的定义也可以看出,决策过程包括了两个应严格区分的概念:决策和"决策工作"。"决策"行为是一个选择过程,它是领导者的任务之一。"决策工作"是指从确定目标到拟订方案,付诸实施的全过程。它是在领导者主持之下,主要由上层领导机构进行的。

决策作为一种思维活动是自古就有的,无论是战略性决策还是战术性决策,决策的成功与否,很大程度上取决于领导者的阅历、知识、智慧和胆略。随着社会生产力的逐渐进步、社会生活的日益复杂化,决策涉及的领域越来越广泛。从不同的角度出发,决策可分以下几种类型。

1. 短期决策与长期决策

从决策行为对组织影响的时间长短,可以分为短期决策与长期决策两类。时间划分的期限往往是一年短期决策,其行为的影响通常只涉及一年以内的活动效果,这种决策其行为的最根本的目的是促使现有的人力、物力、财力等有限的资源能够得到最合理、有效、充分的利用,取得最佳的经济效益和社会效益,以有利于长远战略的实施和组织目标的实现;长期决策是指决策行为所产生的效果和影响超过一年,如企业对固定设备的更新或改造决策,增加或减少固定资产投资决策,长期决策应着重考虑资产时间价值和投资的风险价值并在此基础上,使投资额获得最佳报酬,实现组织的最终利益。

2. 程序性决策和非程序性决策

从决策的对象性质来看,可以分为程序性决策和非程序性决策。程序性决策又称常规性决策或例行性决策、重复性决策,是指问题或情况经常发生,反复出现并显现出规律性,而且可以依其规律,编制一个例行的程序,依照这个程序,可以解决同类型的所有问题的决策;非程序性决策又叫做非常规性决策、例外决策,它是指偶然发生的或首次出现的非常规性问题,既没有既定的程序,又没有惯用的规则,处理这类问题只能作为特殊情况处理。非程序性决策难度较大,需要领导者具有很高的创造性和很高的决策性,并对决策的问题有一个充分明确的认识。

常规问题和非常规问题有时候很难明确区分,一般来说管理者大量遇到的是例行问题。例如产品量、设备故障、资金短缺、供货单位未按时履行合同等方面的问题,可也有不少主管人员总把这些问题当作例外问题来处理,原因多种多样,主要在于诸多的管理问题本身所具有的某些特点,使得根据是否具有重复性这一简单特征还不容易判明哪些问题寓于例行问题,哪些是非例行问题以及复杂问题中包含的例行性成分。这些都需要在实践中认真区分,仔细辨别。

3. 计划性决策和控制性决策

从决策的管理职能来看,可以分为计划性决策和控制性决策两类。计划性决策是指为规划未来的行动而做出的决定,如采用新工艺或新材料,购进新设备或改进旧设备等,这类决策一般是在对各种信息进行预测分析的基础上进行的;而控制性决策则是为控制日常行为活动而做出的决策,这类决策主要是为了使组织的日常活动按照原定目标和已有是序进行而采取的各种措施和方案的选择。

4. 微观决策和宏观决策

按决策影响范围的广狭,可以分为微观决策和宏观决策两类。微观决策是指局限在一个企业或事业单位的范围内所做出的决策,例如,企业的生产决策、销售决策、定价决策等;宏观决策是指在具体一个或几个部门,或在整个国民经济范围内所做出的决策,如建立经济特区、葛洲坝水利工程、黄河小浪底工程等决策。

5. 确定型决策、不确定型决策和风险型决策

从决策者掌握信息的不同情况来划分,可分为确定型决策、不确定型决策和风险型决策。确定型决策是指决策者对未来所掌握的信息都是肯定的,没有不确定因素在内,每种方案根据这些信息都有一个确定的结果,它是一种比较标准可靠的决策。不确定型决策是指决策所面临的可能出现的现实情况有很多种,从而可能出现多种结果,而且这么多种结果的概率,即出现的可能性有多大也无法根据掌握的信息确定。不确定型决策要求领导者要慎重从事,不可鲁莽。风险型决策是指决策事件中存在着不可控因素,一个方案会出现几个不同结果,产生不同的影响,到底会出现其中的哪种结果不能肯定,但各种结果出现的可能性(即概率)到底有多大,是可以预先知道的。例如,一项

投资，如果投资者知道赢利的可能性为 30％，亏损的可能性为 30％，不亏不赚的可能性为 40％，则在这种情况下，投资者进行的投资决策就为风险型决策。倘若投资者根据已有的信息和原来的经验，不能预知赢利的可能性有多大，亏损的可能性有多大，则投资者进行的投资决策为不确定型决策。如果投资者购买了债券，每年有 20％的固定利息，这种投资决策即为确定型决策。

事实上，领导者面临的大多为不确定型决策，这就需要决策者自己判断得出各种结果出现的可能性，当然这个概率带有浓厚的主观色彩，因而决策者或多或少都要承担决策带来的风险或损失，不同的决策只是风险的大小不同。作为决策者不能因为决策存在着风险而一味回避，甚至因噎废食，而不做出或实施决策。正确的做法是，首先对可供选择的决策方案进行分析比较，充分权衡各种决策方案的利弊大小，如果利大于弊，即使冒一定的风险也是值得采纳实施的。其次在实施具体决策前，应充分估计决策带来的风险和损失，并判断自己组织的承受能力，同时尽可能采取一定措施以减少决策的负面影响，使决策的风险降到最低限度，从而保证决策的最小收益。

6. 有效决策、备用决策和追踪决策

从决策在推行的过程中的角色或重要程度来看，可分为有效决策、备用决策和追踪决策。有效决策是指从有许多可以相互替换的行动方案中选出决定实施的决策，备用决策则是指决策者在推行一项决策后为防万一情况发生备有一个备用方案，当实施方案要发生意外时立即采取的补救措施；追踪决策是对有效决策的执行情况做出修正，调整纠正决策目标发生的偏差，特殊情况下也可以用来更新原来的决策目标，以保证时间上的宽裕。

7. 其他

此外，从决策的主体来分类，还可以把决策分为个人决策和集体决策两种；从认识的形式来分类，可以把决策分为经验决策、理性决策和直觉决策。不同类型的决策既有不同的特点，也有不同的作用，究竟用哪种决策方法更有效，应视具体的决策环境和要解决的问题性质而定。

(三)领导者的决策程序

程序，指事件进行的步骤和先后次序；这种步骤或先后次序之间有着固定的内在逻辑联系。科学决策是根据这种联系制定的，也就是说只有按照这些程序去进行操作，才是具有科学性的决策。在实际工作中，因各种决策问题的性质各不相同，决策人的个人风格各不相同，使决策的时间和决策的方法产生了巨大的差异，这样就很难产生一个具体对每一步细节统一的普遍适用的公式。但是各种决策的过程实际上就是人们解决问题的思维过程,这个思维过程也是有其共性的。按照人们思维的规律性,可以把决策过程序列化,编制一个决策程序,也就是进行决策的步骤顺序。就常规性重大问题的决策而言,其基本程序是诊断问题,确定目标;集思广益,拟订方案;综合评估,选择方案;典型试验,全面实施;总结修正,追踪决策这五步,在每一步里又有自己的次一级步骤。现简略介绍如下:

1. 诊断问题,确定目标

决策就是为解决问题,对如何采取行动所做的决定。实际生活和工作中,常常是只有问题出现了才需要做出决策,才相应地提出解决问题需达到的目标。因此,诊断问题,确定目标既是整个决策活动决定性的起点,又是决策程序的头道工序。

一个好的决策首先依赖于及时发现问题,因为问题的存在并不总是明确的,要及时发现它就需要认真分析和思考。首先必须认真地进行调查研究,现实中,失败的决策,常与"首着不慎"有直接关系。

怎样才能有效地发现问题呢?具体地说应该做到四要:一是耳要聪,就是耳听八方。乾隆皇帝文武满堂,却经常微服私访,目的就是要在更广的范围内发现问题,找到问题的本质,然而多听还要善听、会听,不能"装到盆子里就是菜"。二是要目明,就是眼观六路。有些问题只是听,打电话问,是发现不了的,必须腿勤、常跑,深入地进行认真调查,深入分析,仔细研究。三是心要细。有些问题即使耳闻目睹,若不用心想,也难以发现。这要求我们,必须要留心听,要留神看,处处做有心人。只有善于从一人一事、一举一动等细微情节处发现蛛丝马迹,才能顺藤摸瓜地找出问题。四是脑要思,只要多用脑子,深思熟虑就不愁抓不出根本性的问题来。

问题一旦被察觉到之后,管理者下一步需要做的工作就是界定问题。界定问题就是要把问题的性质,发生的时间、地点、范围,对本组织目标实现影响和需要解决的迫切性,以及产生问题的根源等方面摸清楚,以求全面准确地把握问题,也就是说弄清了病状,分析了病因,才能够对症下药,药到病除。

领导者明确而有依据地提出问题后就应该进一步确定决策的目标了。所谓目标是在一定的环境和条件下,在预测的基础上所要求达到的结果。确定目标是科学决策的至关重要的一步,因为目标是活动的最终目的,是人们奋力争取达到未来状况。一系列的决策方案都是围绕着实现这个预定的目标而设计的,因此,目标一错满盘皆输。在确定目标之后,接下来要做的便是确定决策的标准。领导者一旦确定了需要注意的问题,则对于解决问题中起重要作用的决策标准也必须加以确定。就是说,管理者必须在心中有一个决策适用的范围,必须确定什么因素与决策相关。无论明确表述与否,每一位决策者都有指引他决策的标准。决策制定过程的这一步,不确认什么和确认什么是同等重要的。

各种决策标准并非是同等重要的。因此,为了在决策中恰当地考虑它们的优先权,有必要明确标准的重要性。决策者如何衡量标准的重要性? 一个简单的方法就是给最重要的标准打 5 分,然后依次给余下的标准打分。这样也从各标准的得分中表明了它们的重要程度。

2. 集思广益,拟订方案

决策的本质是选择各种方案,而要进行正确的选择就必须提供多种备选方案。在决策的过程中,还要拟订可替代的方案,它要比从既定方案中选择重要得多。

在正式组织里,一个不依靠群体成员而独自完成决策制定的全过程是少见的。集思广益,广泛听取专家、群众、各个层次管理人的意见是非常重要的。不但要听取正面意见,更重要的是要听取反面意见,因为有时我们从反面意见中能得到更大的启发。在听取意见时尽量要问对方看法的根据是什么。

拟订方案是决策过程的中心环节,它的主要任务是设计一系列的解决问题、达到目标的决策,设计时力争不使有用的方案漏掉,也不让无用的方案通过。方案的拟定主要从效果和可行两个方面考虑,设计要做到集思广益。开始时要多方寻求实现决策目标有效途径的方案,多种方案拟出后要借鉴别人与自己的经验,广泛搜集意见,展开辩论,充分揭示设想方案中的各种矛盾。最后将较好的方案保存,不好的淘汰,然后对保留的初步设计方案,再精心设计。

3. 综合评估,选定方案

决策过程中,选择最优方案是最核心的环节,在各种可供选择的行动方案中权衡利弊得失,然后选择一个最优的行动方案,是领导的责任、权力和领导水平的集中表现,也是领导者工作成功与失败的关键。

而在实际决策工程中,方案的拟订、比较和选择往往是交织在一起的,因为决策不是一次性完成的,需要不断地完善。这种完善往往需要在与其他方案的比较中,受到其他方案的启发。但是为了研究方便需要把两种工作区分开来进行叙述。

做出正确的选择往往是很困难、很复杂的,可行方案中只有一个是好的而其余的都不正确的这种情况十分罕见。经常的情况是各种方案都有一定的依据,而且最优的方案也不是在各个方面都是最好的。要进行方案的决策,首先要了解各种方案的优势和劣势,为此需要对不同方案加以评价和比较,评价和比较的主要内容有几个方面:

一是方案实施所要的条件组织能否具备,筹集和利用这些条件需要什么成本,大概的时间限制是多长。

二是方案实施能够给组织带来何种长期或短期利益。

选定一个方案的过程可以大体分为两步:

第一步是分析方案。方案一旦拟订后,决策者必须批判性地分析每一方案的条件、后果。经过与已制定出的标准及权重的比较后,每一方案的优缺点就变得明显了。

第二步是选择方案。从所列的和评价的方案中选择最优方案。既然我们已经确定了所有与决策相关的因素,恰如其分地权衡了它们的重要性,并确认了可行方案,那么我们仅须选择得分最高的方案即可。

3. 典型试验,全面实施

决策的实施是达到预定目标的必由之路,也是之所以做决策的实际意义所在。

当方案选定后,根据科学态度进行局部试验以证明其可靠性就是试验证实。经过试验证实后就进入全面实施阶段,这就要有实施的计划或时间表,这一计划,应由决策机关有关部门,结合有关专家和具体工作人员共同制定。制定计划的总要求是使决策具体化,使计划的每一步做到细致、具体而又灵活。计划一旦制定就要由决策机关向执行机构下达,通过各方面的工作全面实施,以实现组织和决策的目标。

尽管到这一步之前已完成了选择的过程,但如果方案得不到恰当的实施,仍会失败的。实施是指将决策传递给有关人员并得到他们行动的承诺。如果将来执行决策的人参与了决策制定过程,那么他们可能会有更高的热情和积极性投入到决策的实施中。

4. 总结修正,追踪决策

在决策实施过程中,仍有可能发生与目标偏离的情况,因此必须加强信息反馈工作,有一整套追踪检查的方法,如果主观条件发生重大变化以致必须重新确定目标时那就必须有相应的"追踪决策"。

总结修正的过程也就是评价决策效果的过程。

决策制定过程的最后一步就是评价决策效果,看它是否能像预想的那样解决了问题。评价的结果如发现问题依然存在,这就需要领导者仔细分析什么地方出了错,是问题的认识,还是方案的评价,这样要追溯到前面的每一步,甚至可能需要重新开始整个决策过程。

由于现代决策的复杂性和决策者个人认识能力的局限性使得已经做出的决策不符合或不完全符合客观实际情况的事情是经常发生的,这就要求决策者在进入决策实施的阶段之后,必须注意追踪和监测实施的情况,根据执行者的反馈对决策方案不断地进行调整,这里需要注意的是决策修正与追踪决策是两个不同的概念,两者的根本区别在于是否涉及决策目标方向的重大修改,是否对原来的问题进行一次重新决策。

检验决策的正确性,及时修正偏离目标的偏差。评价的结果常常便是一个新的决策,也就是决定要不要继续干下去,怎样继续干下去等问题。应当把决策过程看作是一种学习过程,即在做出最初的选择之后,还需要不断地对实际的情况进行追踪检查,注意对那些新出现的未曾预料的情况进行分析和判断,及时补充新的决策。

(四)集体决策

决策的方法也就是解决问题的途径,即对未来实践方向、目标、原则进行选择时所采用的具体手段或技术。决策者在实施决策的过程中,往往需要采用多种决策方法。比如,在决策开始阶段,决策者为找准问题要采用的调查研究、科学预测等方法。按照决策主体范围进行划分,决策方法可以分为个人决策和集体决策。其中,集体决策方法是比较典型的管理方法,主要有特尔菲法、列名小组法、头脑风暴法、电子会议法等。

集体决策是相对于个人决策而言的,它是由多个人组成小组进行决策,整个小组对决策后果负责的决策方式,当然在这个决策的群体中,只有一个负责人,但他在决策上没有特权,不是最高决策者而是组织者。

我国有句俗话:"三个臭皮匠,顶个诸葛亮。"这是对群体经验的形象的肯定,但是我们也不能绝对地认为集体决策一定优于个人决策。下面我们从集体决策的优劣来看一下两者之间的关系,因为集体决策的长处便是个人决策的缺点,而集体决策的不足正是个人决策的优点,两者是相对的。

集体决策的优点有:

第一,提供更完整的信息。一个群体将带来个人单独行动所不具备的多种经验和不同的决策观点,因而有利于完整信息的收集和分析。

第二,集体决策比较能够保证决策结果的合理性和正确性。因为集体决策要求多人参与,这样使得更多人的知识与智慧集中在一个问题上,对问题的认识和分析必然比一个人的分析和认识深刻、全面得多。

第三,集体决策往往可以产生更多的方案。因为群体拥有更多数量和种类的信息,因而能比个人制定出更多的方案。当群体成员来自于不同专业领域时,这一点尤为明显。一个由工程、会计、生产、营销和人事代表组成的群体,将制定出反映他们不同背景的方案。

第四,集体决策的方案往往更富于创造性。决策的创造性是指在决策过程中,通过对备选方案的评审、分析,能发现更好的潜在方案。一般来说,参与集体决策的人都是各个领域中的专家内行,形成了一个人难以具备的智力、能力和知识结构。他们从各自角度对备选方案进行评审、分析,就容易使方案更臻完善,从而制定、发现更好的方案。

第五,集体决策可以提高决策的合法性。群体决策制定过程是与民主思想相一致的,因此人们觉得群体制定的决策比个人制定的决策更具合法性。拥有全权的个体决策者不与他人磋商,这会使人感到决策是出自于独裁和专权。

第六,组织成员通过集体决策增加对解决方案的接受性。许多决策以失败而告终往往是因为不被执行者接受。但是如果让受到决策影响或实施决策的人们参与了决策制定,他们将更可能接受决策,并鼓励他人也接受它。群体成员一般不愿违背他们自己参与制定的决策。

同时集体决策也有其与生俱来、不可克服的缺点:

首先,是对时间的浪费。组成一个群体显然要花时间。此外,一旦群体形成,其成员之间的相互影响也常常导致低效,结果造成群体决策总比个人决策要花更多的时间。

其次,集体决策中往往存在屈从大多数的压力的情况。说,人在群体中要屈从社会压力,从而导致所谓的群体思维。这是一种屈从的形式,它抑制不同观点、少数派和标新立异并最终取得表面的一致。群体思维削弱了群体中的精神,从而影响了最后决策的质量。

最后,有人对"集体决策"持否定态度还有另外一个原因,便是人员的浪费。在一个决策要做出时,在时间和条件上往往不具备集体决策的人员,而要维持这样一批人,需要极高的成本。

集体决策是否比个人决策更有效,还取决于如何定义效果。群体决策趋向于更精确。一般而言,群体能比个人做出更好的决策。当然这不是说所有的集体决策都优于个人决策,而是集体决策优于群体中平均的个人所做的决策,但他们并不一定比杰出的个人所做的决策好。

如果决策的效果是以速度来定义的话,那么个人决策则显得更为优越。以反复交换意见为特点的群体决策过程,同时也是耗费时间的过程。效果还指一种方案所表明的创造性程度。如果创造性是重要的,那么群体决策比个人决策更为有效。但这也同时会导致培养群体思维的推动力受到抑制。效果的最后一个标准是最终决策的接受程度。因为群体决策参加的人更多,所以这种方法有可能制订出更广为人所接受的方案。

集体决策在实际操作中有很多方法,现简述如下:

1. 头脑风暴法

头脑风暴法是一种相对简单的集体决策方法。它的实质是利用一种思想产生过程,鼓励提出任何种类的方案设计和思想,同时禁止对任何方案提出任何批评。

在典型的头脑风暴决策过程中,群体领导者以一种明确的方式向所有决策参与者阐明问题,然后成员在一定的时间内"自由"提出尽可能多的方案,同时不允许任何批评,所有的方案都当场记录下来,留待稍后再讨论和分析。可见头脑风暴法仅是一个产生思想的过程,并没有进一步提供取得期望决策的途径。

这一方法由于是针对某些问题畅所欲言,也称"畅谈会"。这个方法的创始人奥斯本对运用这种方法提出了下面四条规则:

- 意见或建议提得越多越受欢迎。
- 可以补充和发表相同的意见,使某一种意见变得更具说服力。
- 对别人的意见个允许进行反驳,也不要作结论。
- 鼓励每个人独立思考,广开思路,不要简单重复别人的意见。

2. 特尔菲法

特尔菲法是一种凭直观判断的预测法。它 20 世纪 50 年代末由美国的兰德公司发明。这种预测法的特点是依靠专家、学者的集体智慧和经验,对所要预测的问题,通过计算机或邮件的方法,由专家个人做出各自独立的分析、判断和预测,然后对各专家反馈的预测意见进行综合、整理、归纳统计后,再反馈给各个专家进行新一轮预测。如此循环,一般经过四轮,最后取得比较一致的预测结果,也就是最终的决策。特尔菲法一般有以下步骤:

第一步:确定问题。通过仔细设计的问卷,要求决策成员提供各自可能的解决方案。

第二步:每一个成员匿名地、独立地完成第一组问卷。

第三步:第一组问卷的结果集中在一起编辑、誊写和复制。

第四步:每个成员收到一本第一组问卷结果的复印件。

第五步:看过结果后,再次请成员提出他们的方案。第一轮的结果常常会激发出新的方案或改变某些人的原有观点。

第六步:重复第四、五两步直到取得大体上一致的意见。

特尔菲法一般适用于以下几种情况:

一是专家分散且工作忙,在时间和经费上都不可能要求集中。

二是由于专家中学派对立,为了避免因权威或其他人为原因等而影响预测的科学性。

三是预测的事件较复杂，难以用精确的解析方法来处理。

最后是要求征询较多专家（一般以 20 人为宜）的意见，但又不便面对面讨论。

3. 列名小组法

又称为名义群体法。这个方法是针对某些问题请来一批专家，但决策者们不要直接接触，即使围桌而坐，也不可以交谈有关问题。然后让他们用书面方式写出意见或建议，接着进行归纳综合，形成一份汇报材料，然后公布于众。公布的这些问题或建议不说明是谁提出的，然后在讨论中各抒己见，将建议或方案按其优劣排出顺序，对前一两个较好的方案着重详加论证。这种方法不会被一两个"权威"或"名人"所左右，因为在通常情况下，与会者中，如果有个别威望很高的权威人士或社会名流表述了看法或提出了观点，其他人就会简单附和或不便于再提与之不一致的看法，这种现象叫从众心理，而列名小组法正是出于克服这种从众心理，具体来说这种方法分为以下几个步骤：

首先，成员集合成一个群体，在进行任何讨论之前，每个成员独立地写下他对问题的看法。

其次，经过一段时间后，每个成员将自己的想法提交给组织者。然后一个接一个地向大家说明自己的想法，直到每个人的想法都表述完并记录下来为止。在所有的想法都记录下来之前不进行讨论。

最后，每一个群体成员独立地把各种想法排出次序，最后的决策是综合排序最高的想法。

4. 电子会议

最新的集体决策方法是将列名小组法与尖端的计算机技术相结合的电子会议。这种会议一般是大约 50 人围坐在一张马蹄形的桌子旁，这张桌子上除了一系列的计算机终端外别无他物。将问题显示给决策参与者，他们把自己的回答打在计算机屏幕上，个人评论和票数统计便相继投影在会议室内的屏幕上。

这种决策方式的主要优点是匿名、诚实和快速，决策参与者不透露姓名地打出自己所要表达的所有信息，一敲键盘即显示在屏幕上，使所有人都能看到。它还可以使人们充分地表达自己的想法而不会有其他顾虑，它消除了闲聊和讨论偏题，且不必担心打断别人的"讲话"。

但是电子会议也有缺点。那些打字快的人使得那些口才虽好，但打字慢的人相形见绌；再有，这一过程缺乏面对面的口头交流所传递的丰富信息。不过，由于电子技术尚处于发展阶段，可以预计，随着科学技术的发展，未来的群体决策很可能会广泛地使用电子会议技术。

(五)领导决策的原则

了解并掌握科学的决策原理和方法对有效决策有十分重要的指导意义,决策中的原则是指决策活动中具有相对普遍适应性的,一般被公认具有指导意义的各种规则。原则是重要的,但并不是说决策时必须死守这些原则不能改变,这样就是"画地为牢"。决策的原则要告诉你的,不是必须如何去做,而是可选择这样去做,不是命令而是"劝告"或"警告"。不是遵循这一原则就能保证百战百胜,但照着做也许对你有帮助。这些原则,不是某些既定性的规则,而更多的是人们经常这样做并获得了成功。

1.全局性原则

决策必须纵览全局,不能只关注某个局部目标而忽视其他的对组织整体来说同样重要的目标。全局性原则要求领导者必须有全局观念,正确把握部分和全局的关联,不能使局部决策利益损害全局的利益。

2.择优性原则

决策行为,从本质来说就是一种选择行为,是对"为何去做"和"如何去做"的选择,是关于目标和实现目标的途径的选择。任何选择都是在评估中对最优方案的选择,所以便有一个择优原则。既然是择优,则决策就应在几个方案中进行选择,只有一个方案,就没有选择,无从优化,就难以做出最好的决策。被拟方案要越多越好,择优原则的实质就是本着择优精神,权衡利弊,公平对比,最后择优确定。

3.预测性原则

在对未来事物发展的基本趋势进行预见时常常是有规律可循的。领导者在作决策时,因为其目的是要解决问题以实现未来的目标,因而对各个方案实施时的外部和内部条件及产生的影响要有一个充分、正确的估计,这便是预测性原则。也就是领导者不仅要看当前的情况,还要看将来的变化,不能只顾眼前不管以后。

4.可行性原则

可行性原则侧重于从客观可能条件出发,即依据客观环境条件和主体条件,选择确保能够实现目标的方案。决策是否可行,取决于主观客观许多条件是否具备,这就要认真分析比较人力、物力、时间、技术各方面,以得到决策的依据。超出现实条件,片面追求高指标高速度,再好的决策也只是水中月,镜中花。

5.规范性原则

规范性原则包括两层含义。第一是领导决策在社会关系上的规范性;第二是决策在技术上的规范性。对于前者,又有两种情况:一是公共决策的规范性,二是非公共决策的规范性。在现代管理中公共决策和非公共决策的规范性的重要共同点是法制性，即必须遵守国家的有关法律法规，遵循现代社会生活中的法制原则。

科学决策除要遵循以上原则外，还应注意以下三个问题：

首先，调查研究，掌握真实情况，是科学决策的前提。

只有调查研究，分析了解情况，找准问题的症结，才算是成功地走完了科学决策的第一步。如果信息不准、情况不明、问题不清，也就谈不上科学决策。

其次，抓住症结，解决主要矛盾，是科学决策的关键环节。

一个问题的出现会有各种表现形式，与组织的各种成分有千丝万缕的联系，只有抓住问题的症结，解决主要矛盾，才能做出科学决策。

最后，取利消弊，兼顾各方利益，是科学决策的重要原则。

决策中对方案进行选择，必须坚持取利消弊、兼顾各方利益的原则，因为无论任何问题和矛盾，不外乎有利无弊、有利有弊和有弊无利三种情况，处理这些情况的原则应该是取利消弊，"弊中取小即为大利"或叫做"取小弊以图大利"，总之应坚持"两利相衡取其重，两弊相权取其轻"的原则。

(六)正确决策中的信息因素

决策离不开信息的支持。虽然人们奉行"信息就是金钱"的信条，然而没有用的信息永远只是信息，不会对企业经营活动产生任何有益的作用。在信息爆炸的现代社会环境中，成堆的信息包围着你，如果没有识别信息的本领，就会为其所淹没，最终得不到信息的帮助。

在信息激增、国际国内经济交往与联系日益增多的现代市场经济条件下，信息就是财富。可以说，只要掌握了信息，就等于在激烈的商战中掌握了出奇制胜的先机！信息对于企业经营犹如情报对于战争，没有确切的情报，部队就会陷于被动，寸步难行；同样，没有可靠的信息，企业的经营策略就很难充分发挥作用。因此，及时地掌握最新的信息，并巧妙地用之于各种谈判、洽谈决策等商业活动，是一个高水平的经理人所必须具有的基本功。闭目塞听、持保守经营观念的经理人在这个变革时代将举步维艰。

信息虽然本身没有价值，但实际上却是一种无形的财富。它的利用价值将通过经营者实现其经营目标中表现出来。信息量越大，决策的准确度越高，信息的价值也越大。相反，如果信息失真或过时，就会决策失误，给企业带来经济损失。企业的重大决策，如经营目标、经营方针、管理体制等，都要进行形势分析、方案比较，从而选择最优决策，这些环节无一不以及时、准确、丰富的信息为基础。即便在决策过程中，企业管理者也要经常征询意见，以便使决策更加完善。要减少决策的不确立性和盲目性，就必须重视信息的收集与研究。信息灵通，决策得当，企业会步步胜利，发展壮大；信息闭塞，盲目决策，则企业衰败。市场信息是生产力发展中的黏合剂和增值因素，企业有效地利用信息投入经营活动，可以使生产力中的劳动者、劳动对象、劳动手段取得最佳结合，产生最大效应，使经济效益出现增值。在市场营销管理中，人们往往容易看到信息是一种无形的价值，是提高经济效益的源泉。在当前的市场竞争环境下，企业只有不断地捕捉市场变化的信息，才能抓住机会，创造战机，寻求优势，确定对策，做到棋先一着，在竞争中生存并逐步发展壮大。

现代社会信息随时铺天盖地地向你袭来，既不能错过有效的信息，又不能全盘地接受，唯一的办法是从这些信息里提取有用的部分。这需要首先知道需要什么，正如布鲁诺·兰姆鲍奇尼说："信息，已成为企业生产功能和决策方面的主要的，但又非物质的因素，只有适当地利用，才能使企业有效地适应这种日益膨胀的信息流，并取得积极的社会经济效果。"

要获取有利的信息，不可忽视的手段便是主动出击，主动寻找自己需要的信息。在制定决策时，充分的市场调查是先决条件。市场调查情况掌握得越准确越有利于制定出好的决策。因为这种决策是把企业内部和外部市场环境结合起来进行的决策，市场调查是收集信息的最直接、最有效的渠道。如制定市场营销策略，首先要建立健全的市场信息系统以对目标市场的消费者深入进行调查，要研究其需求特点，掌握需求数量，预测消费结构的变化趋势等，为企业制定营销决策提供可靠的依据。其次，要根据调查资料制定生产和供应计划，相应组织生产和流通，以充分满足消费者的需要。

企业的情报能力强，不光意味着其收集情报、掌握情报的洞察力出色，而且意味着这个企业有很强的对情报分析、加工和研究能力。现代社会中泛滥着各种各样的情报，因此，要从中筛选出企业经营者所必需的或有价值的情报是件不容易的事。在行业内领先的企业，不光是具有出色的分析定期情报的能力，还要会比其他企业更善于不定期地从用户中获得更多的情报，并能对其进行深入的分析。

仅仅收集和分析情报还不能预见未来，一定要对情报进行总结和归纳。首先要从量和质两个方面收集情报，使情报的内容更加丰富，然后努力把情报各式各样搭配组合，头脑中就会闪现出好的主意。信息处理要符合经济效益的原则，以尽可能少的投入获得较大的信息效益，这需要注意三个方面的问题：一是要企业经营者重视信息处理工作与从企业整体利益出发，用较少的投入获得较大的效益的界限。二是正确处理企业眼前利益与长远利益的关系，合理选择信息处理方式。三是信息机构的设置要符合企业发展的要求,真正发挥信息工作的参谋作用。情报能力优秀的企业,其特点在于它能够从定期情报时间系列变化中,确切地把握该企业可能发生或面临的问题,并找到解决问题的答案。

所以企业必须注意处理用过的或尚未使用的情报,要有一个信息管理系统,分门别类,以便于查询。当然那些机密性较高的信息用完必须处理掉,而不要留下痕迹,但对于大部分信息,还是要定期进行总结、归类、分析的。

(七)战略决策中应该注意的五大问题

众所周知,决策就是出主意、想办法、作决定的活动过程,简单而有效的决策技巧被看作是提高领导效能和质量的重要途径。决策,是领导的基本职能之一,因为决策对企业而言,是最重要、最困难、最花费精力和最冒风险的事情。正因为如此,正确的决策是事关一个企业、一个组织兴衰存亡的大事,是领导工作的重中之重。因此,作为领导者应树立现代科学决策的观念,掌握科学决策的理论和方法,认真了解决策的艺术、方法和手段。企业的经理人制定整个企业长远战略时更应慎重,下面是战略决策五要点。

1. 以利为本的决策

20世纪90年代中期,铁路最高部门决定开展以"外美内实"为主要内容的建线达标活动。于是路段纷纷美化线路、美化房舍、改善办公条件。每个站段用于这些没有任何产出的投入一般都是100多万元,其中仅用于购买涂料一项的费用就是几十万元。不仅如此,由于主要精力用于"外美",减弱了开展公关营销、提高质量的力度,使铁路丧失了大量市场,公路运输、民航运输趁机厉兵秣马,大举进攻,在运输市场所占的份额急剧上升。

这是一个典型的不注重经济效益的决策。决策的经济效益是企业决策的核心所在,是决策的根本目标,任何企业决策都是为了获得经济效益而展开的。经济效益是讲求社会效益的基础,没有经济效益很难体现社会效益;没有经济效益,社会效益即使有所体现,也不会很长久。因此,领导者要把经济效益作为决策目标的中心内容,时刻不能忘记。因而,高明的领导者比较和选择方案时,总是趋利避害,以效益作为决策的核心。

2. 在决策中要把握促进企业发展的机遇

决策的及时,既意味着效益,也意味着市场机遇。现代决策要求领导者抓住时机,不允许有丝毫怠慢。因为现代化大生产客观上使得市场竞争日趋激烈,社会节奏明显加快,市场环境变化无常,拖延决策,贻误战机,会使组织本身的问题变得更加严峻,而且还会有新的矛盾产生,使组织原先具有的优势变为劣势,从而使决策失效。

决策的及时性,主要强调的就是要抓住决策的时机。所谓时机,是指时间、转机、机会、机遇等。从时间机遇来看,各种因素、态势、机遇都处于稍纵即逝的变动之中。在决策过程之中,把握时机、随机决断就是在时机一旦成熟时,应当机立断,果断决策,切不可优柔寡断,当断不断。时间就是条件,时间一过,条件就失去了,如再进行决策,也只能是"马后炮"。

决策的及时性,可能会使有的领导者产生误解,使他们认为只要决策意念一产生便立即付诸行动称之为及时,其实并非如此。所谓及时,包括两层含义:"及"指速度,即决策迅速;"时"指时机,指决策后要实施恰到好处,符合于当时的条件和客观环境变化。领导者要用科学的眼光和方法分析客观形势、情况,不要丧失时机的关键是领导者能够经常性地观测市场变化,全局在胸,善于抓住决策酝酿成熟的时机,以雄才大略,排除干扰,拍板定案。

3. 战略决策一定要体现创新性

不仅决策思想新,要求新的意识;决策目标新,不断开辟新的经营领域,还有经营方法也新,不断推出新的经营招数。决策的新颖性,即决策的创新,这种创新首先是一种意识以及在这种意识指导下的实践。创新既是决策的职能,也是决策的前提条件。没有创新的决策不会促进企业的发展壮大。首先,决策创新是事物发展内在要求。任何事物都始终处于不断的发展变化之中,但是事物的发展又往往呈现为阶段性,在同一个阶段之内,变化相对较慢,或只有量变没有质变,因而看来似乎是静止的,但这只是相对的静止,只有从发展观念出发,才能看得长远。如果从静止看问题,就只会看到眼前。由于决策是针对未来的,因此必须以发展观点看问题,否则就会失误,至少有效性不高。其次,"出其不意,攻其不备,乃取胜之道"。在战场上,只有运用奇特的方法,才能取胜于敌。在企业领导的决策上同样也需要出奇制胜。领导者必须慧眼独具,别出心裁,大胆创新,才能使企业在竞争中生存、发展并逐步壮大。

4. 决策必须全盘考虑,才能做出长远的战略

任何部门都是由人、物、信息组成的一个统一的系统。领导者的决策也都是对系统的决策。没有系统就没有决策,决策的系统性不仅为我们认识决策的本质和方法提供了新的视角,而且提供在决策中考虑各个方面的一个角度。具体而言,决策的系统性在决策中起统筹作用。

埃及建造阿斯旺水坝的决策,本来的目的是为了发电和控制水、旱灾害,但由于没把它放在自然环境系统中去考虑,结果破坏了尼罗河流域的生态平衡,遭到了未曾预料

到的自然报复,使埃及付出了极其沉重的代价。决策只要违背了环境系统的要求,最终将遭到失败。由上可以看出,决策绝不是一种简单的思维现象,而是必须用系统观点去把握的一种复杂的思维的活动。

5. 战略决策必须要有未来意识,要有前瞻性

日本在20世纪50年代末就预测15～20年后,世界上要发生"石油危机",于是对于汽车产品的目标决策,以省油、高速、耐用为主,特别把降低耗油量作为产品设计的重点,生产出了耗油量只有别国产品的1/2或1/3的汽车,在国际市场上有极强的竞争力,最终击败了美国与欧洲汽车。

日本人说,尽管我们是100%的石油进口国,但我们还是要感激油价上涨,是油价上涨使我们赢得了世界汽车市场。可见对问题的提前认识,不仅意味着时机的把握,还可以变被动为主动,化不利为有利。

日本之所以能够摘下美国"汽车王国"的桂冠戴在自己头上,其原因就在于其具有超前的决策,它超前地预测到了未来汽车市场的基本走势。这就是战略决策的超前意识。决策的超前性指决策者敏锐地预见事物发展的趋势,从而进行符合于未来发展基本方向的决策。领导者正确分析现实情势,运用科学方法,对客观事物的发展趋势做出正确的预测和判断,用于指导单位和组织的经营、生产活动部门的生存与发展至关重要。比如,一个部门在一个时期内,如果只从眼前利益出发,不以动态的方法去分析事物的发展变化规律,那么它做出的决策不是保守、无所作为的,就是盲目、不切合实际的。只有在进行决策前,既对当前实际情况进行正确分析,也从当前形势发展的蛛丝马迹中预见未来的发展状况,然后进行决策,方能更胜一筹。

(八)困境中的决策

领导活动中难免产生一些突发、危急和棘手的事件,并使组织或团体陷入一种危机之中。此时,如何成功地处理突发事件和危机是领导不能回避的话题,是每位领导必须正视的挑战。而领导者的价值也往往体现在这种危难关头。可见,突发事件是突然发生的,难以预料的,突发事件往往关系到组织的生存与发展,它要求领导者必须及时控制事态发展以避免陷入危机。

不同领域的形势、信息都是复杂多变的,要求领导者以超群的领导能力来处理非程序化问题。突发事件作为非程序化问题的极端形式,更需要领导者有较高的领导素质,在风云变幻的政界、扑朔迷离的商界、变化多端的战场,以及潜伏着不确定因素的其他领域,对于超常规出现的突发事件和由此带来的危机,运用以创新、应变、当机立断等为内容的领导艺术,获得主动的和满意的处理结果,以避免损失或者把损失减少到最低程度。

突发事件与危机常常使领导者周围环境中某些因素发生改变,从而使环境对领导工作产生难于意料的影响。这使领导者决策的不确定性增大;同时,由于突发危机对组织具有突发的破坏性等,对领导的应变能力是个考验,对领导的应变艺术也是一个挑战。领导要能从大量事物的复杂关系中判断出最重要、最有决定意义的信息。这种才能在处理突发危机时表现得非常明显。

另一方面,突发事件是突然发生的无章可循的事件,总是通过偶然的形式出现,令人难以预料,措手不及,但往往又关系到组织的安危,不但要处理,而且还要处理得好。相对于组织的日常工作而言,突发事件实属意料之外的事,但在这种偶然性、意料之外的背后,总是有着深刻的必然性的。从这个意义上说,突发事件是可以把握的。突发危机对领导者领导能力是个考验,在给领导者制造困难的同时,危机也是挑战和机遇。如果领导者善于抓住机遇,以创新思维与行动迎接挑战,那么就能避免突发事件造成的危害与损失,提高领导效能,推动组织发展与进步。

1. 先发制人

"先发制人,后发制于人"在危机与困难中体现得尤为突出,先发制人是以尽早发现问题为基础的,但发现问题并不是回避问题而是要挑战困难,迎头赶上,占尽先机。

2. 主动解脱

当危机的起因与自己密切相关时,运用主动解脱的方法来摆脱危机,是一种十分有效的应变术。

相传,陈平年轻时,在一次战斗失败后,小路逃亡,再渡黄河。船夫见他相貌堂堂,一人带剑独行,知道他是逃亡的将领,猜他腰中一定会带有金银玉器,因此不停地用眼光打量他,有图财害命之意。陈平也看出了船夫的企图,他虽然十分着急,但仍沉着应付。他主动解下上衣,光着膀子帮助船夫撑船,船夫见他身上并没有藏财宝,就顺利渡陈平过了黄河。

3. 亡羊补牢

亡羊补牢作为应变的决策方式,关键是从差错失误中吸取教训,吃一堑,长一智,这样,即使先付出了代价,也可以从中得到教训,重整旗鼓。

虽然亡羊补牢有些马后炮的味道,但这种"事后诸葛亮"是十分必需和必要的。我们还是应提倡在事前就有周密的思考和切实可行的措施,补牢于亡羊之前。这样不仅减少一些不必要的损失,而且,从应变的角度来看,也可以始终占据主动,不至于走弯路,从而降低企业发展的成本。

4. 破釜沉舟

破釜沉舟是人们在危难面前使用的一种极端的应变策略,其极端之处在于,它用置自身于死地的方法,来激励士气,团结奋斗,共同求生。这种"陷之死地而后生"的方法,对于既定目标的实现,往往能起到极大的推动作用。

破釜沉舟策略的本质是斩断人们的退路,使人产生危机感,以此激励人们奋发进取。

处理突出事件的应变决策具有更大的风险性。因此,领导者本身的政治素质和能力素质起着决定性的作用。首先领导者要有政治品德,既有胆有识又有高度的责任感。

其次,领导者要有能够冒险的能力。能力所涉及的因素有很多,如知识、技能、智力以及情感等等,领导者之所以敢于冒风险是在有着丰富知识的基础上的厚积薄发,处理突发事件的决策是全然没有把握的、难度最大的决策,进行这种决策比其他非程序化决策所承担的风险要大得多。领导者必须具有预言家的想象,充满乐观和自信,从对立思想的交锋和不同观点的碰撞中及时、果断、慎重地做出决策。

在今天的信息社会,突发事件与信息同样具有时效性,因此,对于意料之外的突发事件要具有深刻的洞察力,抓住其中意料之内的信息,把危机作为机遇,作为挑战,用创造性的领导艺术解决危机,从中寻找组织发展的机遇,采取机动灵活的办法,在控制事态,缓解矛盾之后,迅速查明导致突发危机的原因,对症下药,化害为利。

七、团队沟通

(一)怎样正确认识冲突和矛盾

任何一个组织或团队在对内对外关系中都会产生误解和矛盾。作为一名现代经理人,学会运用协调与沟通的技巧,对内消除误解和矛盾,对外取得理解和支持,已成为衡量其领导成功与否的重要因素之一。

在传统意义上,冲突被认为是造成不安、紧张、不和、动荡、混乱乃至分裂瓦解的重要原因之一。冲突破坏组织的和谐与稳定,造成矛盾和误会。基于这种认识,各层次的领导者都将防止和化解冲突作为自己的重要任务之一,并将化解冲突作为寻求维系现有组织的稳定和保持组织的连续性的有效的、主要的方法之一。毋庸置疑,传统的观点有其合理的一面，但将冲突完全消化显然是一种不够全面的理解，也是一件不可能的事。

　　美国西点军校编的《军事领导艺术》一书对冲突的积极作用进行了探讨，并指出，群体间的冲突可以为变革提供激励因素。当工作进行得很顺利，群体间没有冲突时，群体可学会运用协调与沟通的技巧对内消除误解和矛盾，对外取得理解和支持。通过变革促进成长与发展，而群体间存在冲突反倒会刺激组织在工作中的兴趣与好奇心，这样其实增加了观点的多样化以便相互补充，同时增强了组织成员的紧迫感。

　　通用汽车公司发展史上有两位重要人物，他们对冲突和矛盾所持的不同看法和做法，给通用公司的发展分别带来了截然不同的影响。一位是威廉·杜兰特，他在做出重大决策时大致上用的是"一人决定"的方式，他喜欢那些同意他观点的人，而且永远不会宽恕当众顶撞他的人。结果由他领导下的由一些工厂经理组成的经营委员会在讨论任何决策时都没有遇到一个反对者，但这种"一致"的局面也仅仅维持了四年。四年之后，通用汽车公司就出现了危机，杜兰特也不得不充满遗憾地离开了通用。对今天的领导者来说，从这件事中引以为戒的是要正确看待组织内的冲突和矛盾。既然冲突和矛盾是必然的，普遍存在的，就不应回避、压抑或熟视无睹，不要为表面的"一致"所蒙蔽，更不要人为地营造"一致"的现象。总之，任何一个人的认识能力都是有限的，一个人的意见也不可能永远正确。而冲突和矛盾正是弥补一个人不足的最佳方案，只要协调合理，沟通及时，冲突会为组织的成功铺垫基础。

　　另一位对通用公司有重大影响的人是艾尔弗雷德·斯隆，他是迄今为止通用汽车公司享有最崇高声望的领导者，被誉为"组织天才"。他先是杜兰特的助手，后来成为杜兰特的继任者。他目睹过杜兰特所犯的错误，同时也修正了这些错误。他认为没有一贯正确的人，在做出决策之前，必须向别人征求意见。他会在各种具体问题产生时阐明自己的观点，同时也鼓励争论和发表不同的观点，这使他取得极大的成功。

　　被誉为"日本爱迪生"的盛田昭夫则从自己的亲身经历中进一步说明了领导者应如何正确看待冲突。他认为：大多公司谈到"合作"或是"共识"时，通常意味着埋没个人意见。索尼公司鼓励大家公开提出自己不同的意见，不同意见越多越好。因为这样形成的最后结论必然高明。多年前田昭夫担任副总裁时，与当时的董事长田岛有过一次冲突。由于盛田坚持自己的意见不让步，使田岛很愤怒，最后他气愤难当地说："盛田，你我意见相反。我不愿意待在一切照你意见行事的公司里，害得我们有时候还要为一些事吵架。"盛田的回答非常直率："先生，如果你我意见是完全一样的，我们俩就更不必待在同一公司领两份薪水了，你我之一应辞职。正因为你我看法不一样，公司犯错的风险才会减少。"

通过以上事例分析,我们可以得出这样一个结论:没有冲突的组织是一个没有活力的组织,作为领导者,要敢于直面冲突和矛盾;闻争则喜,应成为领导者的一种必有的态度。

(二)如何保持组织活力

1. 改变组织文化

激发功能正常的冲突的首要一步是,管理者应向下属表明,冲突有其合法地位,并以自己的行动加以支持。而且对那些敢于向现状挑战、倡议革新观念、提出不同看法和进行独创思考的下级员工给予鼓励,甚至可以采取晋升、加薪或其他强化手段。

2. 重新建构组织

结构的变动也是冲突源泉之一,因此把结构作为冲突激发机制是符合逻辑的。使决策集中化、重新组织工作群体、提高规范化和增加组织单位之间的相互依赖关系都是结构机制的变化,这样做可以收到打破现状并提高冲突水平的效果。

3. 运用沟通

政府官员有时会把可能的决策通过"可告信息源"渠道透露给媒体。比如,把可能任命的检察长的名字泄露出去。如果该候选人能够经得起公众的预前考察,则将任命他为检察长。但是,如果发现该候选人不能引起足够新闻、媒体及公众的关注,新闻秘书或其他高级官员不久将发表诸如"此人从未在考虑之列"的正式讲话。灵活自如的特点使这种方法十分流行。如果导致的冲突水平过高,则可以否决或消除信息源。要注意,模棱两可或具有威胁性的信息同样可以促成冲突。

4. 任命一名吹毛求疵者

吹毛求疵者指那些习惯与大多数人的观点或做法背道而驰的人。他们扮演着批评家的角色,即使对那些自己大体上赞同的做法他们也会努力去寻找其中的不足。吹毛求疵者作为一个检查员可以消除小团体思想和"我们这里从来都是如此"的辩护。如果其他人能认真倾听他们的意见,吹毛求疵者可提高群体决策的质量。

5. 引进外来人员

改变组织或单位停滞僵化状态所普遍使用的方法是,通过从外界招聘或内部调动的地方引进背景、价值观、态度或管理风格与当前群体成员迥然不同的个体。

用这一技术来填补他们管理层的空缺。很多大型企业采用这一技术来填补他们管理的空缺。

(三)领导者的沟通方式

人与人之间、人与组织之间的冲突、矛盾既然不可避免,为了使之向着对组织有利的方面转化,领导就有必要学会协调的手段,而协调的基本途径是通过沟通去进行的。一般而言,沟通可以按照不同的依据进行分类。

1. 正式沟通

正式沟通,是指通过组织明文规定的渠道进行的信息的传递和交流。如贯彻上级精神的会议,或者下级的情况逐级向上反映等等,都属于正式的沟通。

(1)正式沟通的方式有很多,按沟通的流向来划分,有三种具体方式:上行沟通、下行沟通、平行沟通。

上行沟通是指下级的意见向上级反映。其作用是将职工愿望反映给领导,获得心理上的满足,从而激发他们对组织的积极性和责任感。领导者可以通过这种沟通了解职工的一些情况,如对组织目标的看法、对领导的看法以及职工本身的工作情况和需要等等,使领导工作做到有的放矢。职工直接和领导者说出他的意愿和想法,是对他精神上的一种满足,否则,就将怨气不宣,胸怀不满,或者满腹牢骚,自然会影响工作。

领导人应鼓励下级积极向上级反映情况,只有上行沟通渠道通畅,领导人才能做到掌握全面情况,做出符合实际情况的决策。要做到这一点,领导者要平易近人,给大家提供充分发表意见的机会。如经常召开职工座谈会、建立意见箱、实行定期的汇报制度等,都是保持上行沟通渠道畅通的方法。

(2)下行沟通主要是指上层领导者把部门的目标、规章制度、工作程序等向下传达。它的作用有三个:一是使职工了解领导意图,以达到目标的实现;二是减少消息的误传和曲解,消除领导与被领导者之间的隔阂,增强组织团结;三是协调企业各层活动,增强各级的联系,有助于决策的执行和对执行实行有效的控制。

为使下行沟通发挥效果,领导者必须了解下属的工作情况、个体兴趣和要求,以便决定沟通的内容、方式和时机更主要的是,领导者要有主动沟通的态度,经常与下属接触,增强下属对领导者的信任感,使其容易接受意见。在下行沟通的同时,要听取下属的意见,必要时根据下级意见做出改正,以增强被领导者的参与感。

(3)平行沟通是指部门中各平行组织之间的信息交流。在单位中各部门之间经常发生矛盾和冲突,除其他因素以外,相互之间不通气是重要原因之一。平行沟通能够加强组织内部平行单位的了解与协调,减少相互推诿责任与扯皮,从而提高协调程度和工作效率。同时还可以弥补上行沟通与下行沟通的不足。因此,保证平行组织之间沟通渠道的畅通,是减少各部门之间冲突的一项重要工作。

2. 非正式沟通

非正式沟通,是指在正式沟通渠道以外进行的信息传递和交流。如,单位职工之间私下交换意见,议论某人某事以及传播小道消息等。这种非正式沟通,是建立在组织成员个人的不同社会关系上。如几个人的年龄、地位、能力、工作地点、志趣、际遇以及利害关系的相同等等,他们之间频繁地接触,交换各种信息,形成一个非正式团体。因此非正式沟通的表现方式和个人一样具有多变性和动态性。因为是个人关系,就常有感情交流,因此还表现为不稳定性。这种交流久而久之,就会产生非正式团体首领。从管理的角度看,这种非正式的意见沟通,乃是出于人本来就有的一种相互组合的需要,而这种需要若不能从组织或领导者那里获得满足,这种非正式的结合要求就将增多。

非正式沟通往往有这样几种倾向:容易变成一种抵抗力量;因其不负责任,往往捕风捉影,以讹传讹,产生谣言;有时会钳制舆论,再加之冷嘲热讽,歪曲真相,孤立先进,打击进步;往往因为众口铄金,甚至法不责众,因而影响工作;这种沟通的非正式领袖,往往利用其影响,操纵群众,制造分裂,影响组织团结。

由于非正式沟通多数是随时随地自由进行的,它的内容是不确定的,沟通的方法也就千变万化。它掺杂感情色彩或个人因素,或捕风捉影,或节外生枝,或望文生义,一传十,十传百,以讹传讹,正如通常所说:"锣敲三锤必变音,话传三遍定走形。"

要想杜绝或堵塞这种非正式沟通是不可能的,只能尽量减少或巧妙地利用它,以达到以下目的:

(1)预先做好某种舆论的准备,获得非正式组织的支持,促进任务的完成;

(2)事先做好决策前的准备工作,征求下属的意见,即使是反面意见也好,借以纠正工作的偏向;

(3)传递正式沟通所不愿传递的信息,如对某些恶意传言的警告等;

(4)把领导的意志变为群众的语言,起到正式沟通的作用,实现领导的目的。

(四)有效沟通的障碍

沟通随时随地都可能发生,而在任何沟通过程中都可能发生各种不同的障碍,归纳起来主要有以下几点:

1. 由知识、经验等差异引起的障碍

发出信息者对要传递的信息是凭自己的知识、经验进行编码发送的,而收到信息者也是凭自己的知识、经验进行解码接收。如果发、收双方有共同的知识和经验即"共通区"，那么对传递信息就能有相同理解和共识。通常说，一点就通就是有很大"共通区"。显然，这个共通区越大，双方交流越顺利，交流范围越广。

2. 过滤的障碍

过滤指故意操纵信息，使信息显得对接受者更为有利。比如，下属所告诉上司的信息都是上司想听到的东西，这位下属就是在过滤信息。信息过滤的程度与组织结构的层级和组织文化两个因素有关。在组织等级中，纵向层次越多，过滤的机会也越多，信息传递过程中被过滤的可能就越大。组织文化则通过奖励系统或鼓励或抑制这类过滤行为。奖励越注重形式和外表，下属便越有意识按照对方的品位调整和过滤信息。

3. 心理障碍

由于信息传递者的思想倾向，致使信息的传递被歪曲或中途停止。例如，传递者对信息的内容在观点、态度或心理上不能接受，或对信息本身抱有敌对、不信任，因而有意歪曲或因不感兴趣而故意搁置，以致信息走样、失真甚至停止传播。还有些人常常喜欢根据自己的主观判断去推测对方的意图和动机，猜测对方的"言外之意""弦外之音"。这样，不仅会歪曲事实，产生误会，还会严重影响人际关系。

4. 语言障碍

同样的词汇对不同的人来说含义是不一样的。年龄、教育和文化背景是三个最明显的影响因素，它们影响着一个人的语言风格以及他对词汇含义的界定。而在一个组织中，员工常常来自于不同的背景。另外，横向的分化也使得专业人员发展了各自的行话和术语。在大型组织中，成员分布的地域又十分分散，每个地区的员工都使用该地特有的术语或习惯用语。纵向的差异同样造成了语言问题。虽然大家都会说一种语言，但在语言的使用上却并不一致。了解每个人修饰语言的习惯将会极大地减少沟通障碍。问题在于，组织中的成员常常意识不到接触的其他人与自己的语言风格不同，他们自认为自己的词汇或术语能够被其他人恰当地理解，从而导致了沟通问题。

5. 信息过量形成的障碍

管理人员一般都抱怨他们为沟通所花时间太多了，如果要参加所有的沟通活动，单位里的实际工作就没有办法完成。因而在一次沟通中，如果信息量太大，会引起双方的厌烦，从而有可能导致沟通的失败。

6. 非言语提示的障碍

非言语沟通几乎总是与口头沟通相伴，如果二者协调一致，沟通效果便会被强化。如，上司的言语显示他很生气，他的语调和身体动作也表明很愤怒，于是可推断出他很恼火，这极可能是个正确的判断。但当非言语提示与口头信号不一致时，就会使接受者感到迷茫,而且传递信息的清晰度也会受到影响。

7. 地位障碍

社会地位不同的人往往具有不同的意识、价值观念和道德标准,从而造成沟通的误解。不同阶层的成员,对同一信息会有不同的甚至截然相反的理解。政治差别、宗教差别、职业差别等,都可以成为沟通的障碍。不同党派的成员对同一政治事件往往持有不同的看法;不同宗教或教派的信徒,其观点和信仰迥异;职业不同也常常造成沟通的鸿沟;甚至年龄的差异也会造成"代沟"。

8. 组织障碍

组织结构不合理,会严重影响组织内部沟通渠道的形成和畅通。这种障碍是由于组织结构层次过多。层次越多,沟通中信息失真的可能性就越大;机构重叠,沟通传递过程缓慢,影响信息的时效性,时机已过,信息就失去了价值;条块分割,各独立的部门各为自己的利益而层层设卡,封锁信息;渠道单一,造成信息不足,影响沟通效果。

9. 情绪

在沟通时,双方的情绪也会影响到对信息的解释。不同的情绪感受会使个体对同一信息在不同时间做出的解释截然不同。极端的情绪体验,如狂喜或抑郁,都可能阻碍有效的沟通。因为这种状态常常使我们无法进行客观而理性的思维活动。因此最好避免大喜大悲以使我们清楚地思考问题。

(五)怎样进行有效的沟通

如何消除以上提到的沟通障碍呢? 大致可以运用以下方法:

1. 运用反馈

很多沟通问题是由于误解或理解不准确造成的。如果领导者在沟通中使用反馈,就会减少这些问题的发生。这里的反馈可以是言语的,也可以是非言语的。当领导者问接受者:"你明白我的话了吗?"他所得到的答复便代表着反馈。但反馈并不仅仅包括是或否的回答。为了核实信息是否按原有的意图接受,领导者可以询问有关该信息的一系列问题。但最好的办法是,让接受者用自己的话复述信息。如果领导者听到的复述正如本意,说明沟通是成功的。反馈还包括比直接提问和对信息进行复述更精细的方法。例如,综合评论可以使管理者了解接受者对信息的反馈。

2. 消除沟通障碍

有时行动比言语更为明确。所以绩效评估、薪金核查以及晋升都是反馈的重要形式。你可以观察对方的眼睛及其他非言语线索,以了解他们是否在沟通中接受了你的信息。

3. 简化语言

由于语言可能成为沟通障碍，因此沟通者应该选择措辞并组织信息，以使信息清楚明确，易于被接受者理解。领导者不仅需要简化语言，还要考虑到信息所指向的听众的自身特点，以使所用的语言适合于接受者。有效的沟通不仅需要信息被接收，而且需要信息被理解。通过简化语言并注意使用与接收信息者一致的言语方式，可以提高理解效果。特别是在传递重要信息时，为了使语言问题造成的不利影响减少到最低程度，可以先把信息告诉不熟悉这一内容的人。这有助于确认沟通中含混的术语、不清楚的假设或不连续的逻辑思维。

4. 抑制情绪

如果认为领导者总是以完全理性化的方式进行沟通，那太天真了。我们知道沟通双方的情绪能使信息的传递严重受阻或失真。当领导者对某件事十分失望时，很可能会对所接受的信息发生误解，并在表述自己的信息时不够清晰和冷静。那么在这种情况下领导者应该怎么办？最简单的办法是暂停进一步的沟通直至自己恢复平静。

5. 注意非言语揭示

往往行动比言语更明确，因此沟通中很重要的点是注意你的行为，确保它们和语言相匹配并真正起到强化语言的作用。非言语信息在沟通中占据很大比重，因此，有效的沟通者十分注意自己的非言语提示，保证它们同样传达了所期望的信息。

6. 使用目光接触

当别人在同你说话时却不看你，你的感觉如何？大多数人将其解释为冷漠和不感兴趣。与说话的人进行目光接触可以使你集中精力，并能鼓励说话的人。

7. 积极倾听

积极倾听常常比说话更难做到，因为它要求倾听者脑力的投入，要求集中全部注意力。人们说话的速度是平均每分钟150个词汇，而倾听的能力则是每分钟可接受将近1000个词汇。两者之间的差值显然留给了大脑充足的时间，使其有机会神游四方。

通过发展与沟通对方的"移情"，也就是让自己处于沟通对方的位置，可以提高积极倾听的效果。不同的沟通对方在态度、兴趣和期望方面各有不同，因此移情更易于理解信息的真正内涵。

8. 避免中间打断说话者

做出反应之前先让说话者讲自己的想法，在说话者说时不要去猜测他的想法。大多数人乐于畅谈自己的想法而不愿聆听他人所说。很多人之所以倾听仅仅因为这是能让别人听自己说话的必要付出。尽管说使人不舒服，但我们不可能同时做到听和说。

一个好听众一定要明白这个道理。

9. 使听者与说者的角色顺利转换

大多数沟通情境中,听者与说者的角色在不断转换。有效的倾听者能够使说者到听者,以及听者再回到说者的角色转换十分自然。从倾听的角度而言,这意味着全神贯注于说者所表达的内容,即使有机会也不去想自己接下来要说的话。因为只要你明白了对方的意思自然会做到这些。

10. 展示赞许性的点头和恰当的面部表情

有效的倾听者会对所听到的信息表现出自己的反应。赞许性的点头、恰当的面部表情与积极的目光接触互相配合,向说话人显示你在认真聆听并随时表明你的态度。

11. 避免分心的举动或手势

表现出感兴趣的另一做法是避免走神。在倾听时,注意不要进行下面这类活动:看表、心不在焉地翻阅文件、拿着乱写乱画等。这会使对方感觉到你很厌烦或不感兴趣。另外,这也表明你尚未集中精力,因而很可能会遗漏一些对方传递的信息。

12. 提问与复述

批判性的倾听者会分析自己所听到的内容,并提出问题。这一行为保证了信息正确理解,并使说话者知道你在倾听。复述是指用自己的话重述说话者所说的内容。有效的倾听常常使用这样的语句:"我听你说的是……"或"你是否是这个意思……"首先,复述是核查你是否认真倾听的最佳监控手段。如果你的思想在走神或在思考你接下来要说的内容,你一般不能精确复述出完整的内容。其次,复述是信息传递精确性的控制机制。用自己的语言复述说话者所说的内容并将其反馈给说话的人,可以检验自己理解的准确性。

(六)怎样开发有效的反馈技能

在沟通中开发有效的反馈技能十分重要,可以从以下几点做起:

1. 强调具体行为

反馈应具体化而不要太笼统。要避免下面这样的陈述:"你的工作态度很不好"或"你的出色工作留给我深刻印象"。这些都过于模糊。因为在提供这些信息时,你并未告诉接受者足够的信息以改正他的态度,或你凭什么判定他完成了"出色的工作"。反馈,尤其是消极反馈,应是描述性的而不是判断或评价性的。反馈应针对具体工作,而永远不要因为一个不恰当的活动而指责个人,"很笨"、"没能力"等等,这样会激起极大的情绪反应,这种反应很容易忽视了工作本身的错误。当你进行批评时,记住你指责的是与工作相关的行为,而不是个人。

2. 使反馈指向目的

不要把反馈完全"倾倒"到别人身上。如果你不得不说一些消极的内容,应确保其指向接受者的目的。问问你自己是否希望通过反馈帮助别人。如果答复是"我只想把我心里想说的话都说出来",那么你会自食其果。这类反馈降低了你的领导威信,并会减弱以后反馈的意义与影响。

3. 确保理解

一次成功的沟通需要双方信息的传递与理解。为了使反馈有效,应确保对方理解它。与倾听技术一样,可以让接受者复述你的反馈内容,以了解你的本意是否已被彻底领会。

使消极反馈指向接受者可控制的行为,让他人知道那些自己无法左右的缺点毫无意义。消极反馈应针对接受者可以改进的行为。比如,责备员工因为忘记给钟表上闹铃而上班迟到是有价值的,但不要因为每天上班必乘的公共汽车出了故障而责备他的迟到。

4. 把握反馈的良机

接受者的行为与获得对该行为的反馈相隔时间越短,反馈越有意义。比如,当新员工犯了一个错误时,最好在犯错误之后或在一天工作结束时就能够从经理那里得到改进的建议,而不要等到几个月后的绩效评估阶段才获得,这样可能会让人心烦,如果你需要浪费时间重新回想当时情境和恢复某人的记忆,那么你所提供的反馈很可能是无效甚至会起至相反作用的。当然,如果你尚没有获得充足的信息,当你很恼火,或者情绪极为低落,此时仅仅为了快速的目的而匆忙提供反馈也会适得其反。在这些情况下,反馈的"良机"意味着"一定程度的推迟使自己平静"。

(七)协调及协调的原则

协调是领导和管理者重要的管理技能,提高这项工作,有助于领导者妥善处理企业内外、企业上下、部门之间、各经营环节之间的人与人、组织与组织、人与物、人与事、物与物、事与事、时间和空间等方面的各种问题和冲突。

一个善于协调的管理者,总能让自己的工作顺畅有序地进行,上级乐于支持,同事乐于配合,下级乐于拥护,为自己的工作顺利展开营造一个良好的环境。

有效的协调应注意以下几条原则:

一是及时性原则。及时性原则是指发现冲突和问题应该及时解决。问题一旦出现，若得不到及时协调，会积少成多、积小变大，甚至无法正常解决，有些问题当初只要稍加注意，用很少的时间和精力就可以解决，这样也可以降低协调的成本。

二是关键性原则。关键性原则有两层含义：第一，要抓住重大和根本的问题。主要包括：影响深远的问题，影响全局的问题，薄弱环节，代表性的典型问题，员工意见大、反映强烈的问题。第二，解决问题时要标本兼治。不仅要解决问题本身，还要解决引发问题的根源，只要原因存在，问题就会不断重复发生。

三是沟通情况和信息传递原则。及时沟通传递信息，可以保证配合顺畅，反应迅速，也能达到相互的支持和理解，减少误会；问题发生以后，协调矛盾和解决冲突也要快得多。

四是激励性原则。合理使用激励手段，不仅可以预防问题和矛盾的发生，而且在问题发生以后，也可以调动各方协作的意愿。

(八)领导人的协调方法

协调工作的形式多种多样，这里择要介绍如下几种：

1. 会议协调

为了保证企业内外各部门之间在技术力量、财政力量、市场力量等方面达到协调，保证企业的统一领导和力量的集中，使各部门在统一目标下密切配合，必须经常开好各类协调会议。会议协调的类型有以下几种：

第一种是解决问题会议。这是会同有关人员共同讨论解决某项问题的会议。目的是使与会人员能够统一认识，共同协商解决问题的方案。

第二种是培训会议。旨在传达指令并增进了解，并指下一步执行的政策、计划、方案、程序进行解释。这是动员、发动和统一行动的会议。

第三种是信息交流会议。这是一种典型的协调沟通的会议，通过交流各个不同部门的工作状况和业务信息，使大家减少会后工作之间可能发生的协调沟通问题。

第四种是表明态度会议。与会者对上级决定的政策、方案、规划和下达的任务表明态度和意见，并对以往类似问题执行中的经验、教训提出意见。

2. 结构协调

结构协调就是通过调整组织结构、完善职责分工等办法来进行协调。对待那些出现在部门与部门之间、单位与单位之间的"三不管地区"的问题，以及诸如由于分工不清、职责不明所造成的问题，应当采取这种协调措施。"结合部"的问题可以分为两种，一是"协同型"问题，这是一种"三不管"的问题，就是有关的各部门都有责任，又都无全部责任,需要有关部门通过分工和协作关系共同努力完成。二是"传递型"问题,它需要协调的是上下工序和管理业务流程中的业务衔接问题。可以通过把这种问题划给联系最密切的部门去解决,并相应扩大其职权范围以适应扩大的责任。

3. 现场协调

现场协调是一种快速有效的协调方式。也就是把有关人员带到问题的现场,请当事人自己讲述产生问题的原因和对问题的看法,同时允许有关部门提要求,使决策者有一种"压力感",感到自己部门确实没有做好工作,并使其他部门也愿意提供帮助,或出些点子,这样有利于统一认识,使问题尽快解决。对于一些扯皮太久、群众意见大的问题,采用这方式尤其有效。

(九)怎样协调人的冲突

在一个组织中,这一个人和那一个人,这一些人和那一些人,对某项任务、某个问题在利益和观点上不一致,是常有的事。有时甚至双方会剑拔弩张,面红耳赤,搞到十分紧张的地步。有人估计,领导者要花上 20% 左右的时间来处理各种冲突。说明冲突在人际关系中是固有的,不能回避,必须予以适当的处理,方能形成"人和"的气氛。这需要领导者巧妙运用调停纠纷和处理冲突的技巧,协调各方在认识上的分歧和利益上的冲突。那么如何来处理纠纷、冲突和分歧呢? 说来并无现成的公式可循,不过,领导者能不能成功地处理冲突,主要受以下三个因素的影响:领导者判断和理解冲突产生原因的能力;领导者控制、对待冲突的情绪和态度的能力;领导者选择适当的行为方式来处理冲突的能力。

解决人际冲突,可以采取以下几种方式。

"彼此谦让"的方式。就是使争执双方各自退让一步,达成彼此可以接受的协议。这是调停纠纷、解决冲突最常用的办法。这种解决办法,关键在于找准双方让步的适度点。无论调停政治纠纷,还是解决日常组织工作和生活上的冲突,要使双方团结起来,共同行动,就不能用偏袒一方,压服另一方的做法,而应该运用"互相让步"方式解决问题。

"接受时间"的方式。这是指当解决冲突的条件还不成熟时,需要维持现状,等待时机给予解决;或者经过一段时间问题的积累,由工作或生活本身逐渐地加以调整。采取"接受时间"的方式,可以让人们通过时间,逐渐放弃旧有的成见,适应新观念和既成事实。这种解决冲突的方法是十分明智的。因为一个人的信仰、观念和立场的改变,往往需要一个漫长的过程。采取强加于人的做法,反而可能会使矛盾激化,隔阂加深,损伤人们的感情,产生不良的后果。而"接受时间",则可以使冲突的解决比较自然和顺畅。

如当有人对组织的决议持不同意见时,组织上允许其保留意见,而不滥用组织手段强迫其改变观点。当然前提是在行动上必须执行决定。这儿的"允许保留意见",运用的就是"接受时间"的方式。

"迂回前进"的方式。这是说在特定的环境下,对一些无法可依的纠纷应采取含糊的处理方法,或者为了解决某些冲突,可做出一些必要的折中或退让、妥协。比如鼓励冲突的双方把他们的利害关系结合起来,使双方的要求都得到一定的满足;或者驱使一方放弃自己的利益去满足另一方的要求;或者用暗示或不管的方式鼓励冲突双方自己协商去解决分歧,等等。

还有一种情况便是假若双方都是搞派别斗争,为他们各自的小集团的私利而闹纠纷,完全违背整体利益。在解决这样的纠纷中,就不必去分清谁是谁非,事实上也没有必要分清谁是谁非,可采取各打五十大板的方法来处置。又如,对某些闹事问题的处理,从闹事本身看并不正确,但为着有利于组织安定,可对他们的要求做出一些不损害大原则的妥协,以缓和矛盾。这样处理纠纷的方式看来显得简单和有点不分是非,但仍不失为一种解决冲突的方法。

"泄愤释怒"的方式。双方发生冲突以后,应该让每个人都有机会泄愤释怒,不要让心头的愤懑禁锢起来。这样可和冲突的紧张程度,打开解决冲突的大门。

(十)部门冲突的协调方法

我们已经知道组织是由若干个部门或团体组成的。组织中部门与部门、团体与团体之间,部门、团体与组织之间,由于各种原因也常常发生冲突。组织理论者认为,组织中团体的冲突一般有这些原因:

一是各部门之间目标上的差异。组织由于划分成不同功能的各个部门、单位,每个部门、单位在组织设计时就已确定目标和各自的职责,各个子目标的组合就构成组织的整体目标,但在执行过程中,各部门和单位的工作行为常以本单位利益为中心,可能会忽视组织的整体目标和与其他部门、单位的协调,使各部门和单位相互隔绝,致使冲突与矛盾产生。

二是各部门之间认识上的差异。如甲单位的领导者认为实施 A 方案最好,乙单位的领导者则认为实施 B 方案最好,由于彼此认识上的差异,致使两单位意见一时难以协调,也可能引起部门间的冲突。

三是各团体之间的职责权限划分不清。如权力交叉或职责缺漏等引起的权力与责权纠纷。

四是不健康的思想意识或反面的团体作风，也可引起团体间的冲突。

部门间的冲突，不仅会造成各部门之间关系的不协调，而且也会给整个组织领导工作带来反面影响。因此，协调好组织内部各部门之间的关系，对于形成组织系统的合力，发挥组织系统的整体效应，具有十分重要的意义。

组织系统部门之间的关系，在很大程度上是部门主管人员之间的关系问题。各部门主管人员能否顾全大局，他们之间的人际关系是否融洽，对部门关系影响很大，因此，作为经理人来说，要处理好部门之间的关系，就要加强各自的配合与协调意识。

首先，要做好沟通工作。

这既是做好部门工作的需要，也是处理好部门关系的第一步。沟通是双向的，也是多方面的，主要应当从目标上、思想和信息上加强沟通，进而取得共识，这是协调各部门领导关系的基础。

一是在目标上沟通。首先强调整体目标，使他们认识到各部门、对整体目标的作用，以及相互配合、协调的重要性，力争把部门利益与共同的目标联系起来，进而增强各自对组织目标的关切感，减少部门间不必要的冲突。其次要在具体目标上取得沟通和共识。各部门领导，在目标的确立上，要相互理解和支持；在目标的实施上，要相互帮助；在目标的冲突上，要相互调整和适应；在目标的成功上，要相互鼓励和总结。

二是在思想上沟通。各部门领导不要单纯以本部门的利益得失考虑问题，而应当从各部门利益的互相联系上考虑问题，包括设身处地地替其他部门着想，达成彼此可以接受的意见，以防止思想认识上的片面性。同时各部门领导在思想观念、思想方法、思维方式上也是互有差异的，由此而形成的观点上的争鸣和分歧，可以通过平等的交流、启发，缩小认识上的差距，以达到统一认识。对于因工作关系所引起的思想误会、隔阂，各部门领导之间应严于律己，宽以待人，必要时多作自我批评，求得互相谅解。

三是在感情上沟通。感情上的联络和加深，对部门领导来说是很重要的。很难设想没有任何感情交流的部门领导之间在工作上可以配合融洽。要增加感情上的沟通，除了目标思想上的认同外，还可通过工作交流、参观访问、公共关系活动等不断加深，从而创造一种和谐共事的工作环境。

四是在信息上沟通。沟通也是传达交流情报信息的过程。部门之间的矛盾与隔阂，都可以从信息沟通上找到原因。一般而言，凡缺乏沟通的部门，信息传递肯定不畅，极易造成部门之间的不了解、不理解和不协调，甚至造成冲突，既影响工作，又影响团结；凡主动沟通的部门，必然信息流畅，往往容易赢得对方好感，取得信息，形成部门之间的良好关系。

其次,要倡导相互帮助。

各部门领导之间在强调自己部门工作的地位和作用时,不能贬低其他部门的地位和作用。工作的配合与支持不能仅是单向的企求,而应成为双向的给予。各部门领导之间互相支持,是圆满完成组织工作任务的前提。一个各部门之间相互支持配合的组织,才是有力量的组织。各部门之间的相互支持,体现在具体的工作之中。当某一部门工作遇到困难、阻力时,另外一个部门主动去排忧解难,在人财物方面给予帮助,是一种支持;当某一部门工作取得了成绩或出了问题,另一部门给予热情的鼓励或提出诚恳的批评,也是一种支持;当某一部门与其他部门发生矛盾,其他部门不是置之不理而是出面调解,帮助消除误会、解决矛盾,更是一种支持。各部门之间的相互支持,是避免冲突、消除矛盾、友好相处的重要条件。

最后,要维护合理竞争。

由于各部门在组织系统中处于不同的地位,具有不同的功能,部门之间既具有共同的利益和目标,也有各自不同的利益和目标,因此必然存在竞争。组织内各部门的地位和功能既反映了相应的权利和义务,也反映了相应的责任和作用。这是组织系统内部各部门在协作过程中存在竞争的客观基础。在组织内部,竞争是一种最活跃的因素和力量,具有使组织系统不断向前发展的功能。这种功能既可以使组织系统发生进步性变化,将组织的作用充分发挥出来,也可以使组织系统发生破坏性变化,造成组织系统的不稳定,产生内耗。合理竞争要求部门之间形成一种正常的竞争关系,最大限度地发挥积极性和创造性,共同努力实现组织系统的整体目标。在合理竞争中,既反对封锁信息,相互拆台,制造矛盾,也反对满足现状,不求进取,得过且过。尤其应反对的是那种不择手段、尔虞我诈的倾轧式竞争。

组织系统部门之间出现矛盾冲突时,如果涉及范围小,可以采取"协商解决法"。即由冲突相关的部门彼此通过协商解决冲突。协商时双方都要把问题摆在桌面上,开诚布公,阐明各自的意见,把冲突因素明朗化,共同寻找解决途径。如果冲突涉及面比较广,则可以采用"仲裁解决法"。所谓仲裁解决法,即由第三者出面调整,进行仲裁,使冲突得到解决。是部门之间经过协调仍无法解决冲突时才使用的方法。这里要求仲裁者必须具有一定的权威性。可以由两个部门的顶头主管部门担任仲裁者。

不过,不管用何种方法解决,领导者在此过程中必须保持公正与正直。

(十一)避开协调的误区

有效的、正确的沟通有助于领导者迅速地消除冲突和误解,解决矛盾,增强领导与下属、下属与下属之间以及本组织与外单位之间的亲密度，使本部门内部更为团结，有助于领导的工作与组织的发展。但是领导在沟通之中也应当注意，并不是每一种沟通都是有效和实用的，当你费尽苦心去沟通时也可能得不到预期的效果。这时，你有必要改进自己沟通的方式，同时力使自己走出沟通的误区。一般来说，领导者在沟通中最易犯的错误有以下 10 个方面：

(1)对谈话对方所谈的主题没有兴趣。

(2)被谈话对方的态度所吸引，而忽略了对方所讲的内容。

(3)当听到与自己意见不同的地方，就过分激动，以致不愿再听下去，对其余信息也就抹杀了。

(4)仅注意事实，而不重视原则和推论。

(5)过分重视条理，而不重视一些细节和线索。

(6)过多注意造作掩饰，而不重视真情实质。

(7)过于分心于别的事情，心不在焉。

(8)对较难的言辞不求甚解。

(9)当对方的言辞带有感情时，则听力分散。

(10)在听别人讲话时还思考别的问题，顾此失彼。

当然以上 10 个方面并不能全面地代表沟通中存在的这样或那样的陷阱，领导者需要具体情况具体分析，这样才能准确地把握自己所犯的错误，然后找出正确的处理问题的方式，果断、坚决地执行或操作。

第六章 团队学习

1990 年,江淮汽车产销汽车还不足千辆,销售收入也只有 3000 多万元,行业排名仅在第 29 位,如今却一跃成为年产销近 4 万辆,并远销中东、南美等国家,销售收入 16.2 亿元,销售量行业排名第 12 位的特大型企业,成为国家唯一的一家客车定点底盘生产厂。尤其引人注目的是,集团的 5 个全资子公司、多个控股子公司和参股子公司及省内外 600 多家协作企业均在江淮汽车的带动下有了突飞猛进的进展。究竟是什么原因使 9 年前一个亏损企业在不显山不露水中,创下了如此璀璨夺目的业绩呢?

江淮汽车成功的原因很多,但其中一个重要原因是重视团队学习。

当 1991 年江淮汽车刚刚扭亏时,即投资 300 多万元建设了培训中心一期工程,随着效益的好转,又建设了二、三期工程。现在的培训中心拥有现代化的教学设备、宽敞明亮的教室,配有卫生间的学员宿舍乃至接待学员亲属探亲的标准客房。为进一步完善学习环境,四期工程又在筹建之中。不仅如此,江淮汽车还注重软件建设。培训中心的师资大多聘自重点大学,同时,他们还与国内多所高等院校有合作关系,并建立了自己的研究生工作站,培训高层次科技管理人才的博士后工作站也在筹建之中。

"40+4"培训模式是江淮汽车近年来全面启动的培训工程,即规定每位员工每周不仅要工作 40 小时,还要利用业余时间或节假日集中听课学习 4 小时。教学内容由公司根据企业岗位的素质要求和业务要求规定,设有基础课、专业基础课和专业课,并按单位组成团队进行集中培训。教材由公司专门聘请专家、教授精心编写,并大量汲取了国外和台湾企业的经营理念和管理经验,构成了崭新的学习构架。江汽人认为:学习不仅是学知识,更是学习运用知识的能力。学习的主体也不再是过去的个人,而是现在的团队,学习的目的,也不再是为了积累,而是为了改变思想观念,以观念改变行动,以行动改变命运……由此,他们把学习看作了一种过程——一种人与人之间心灵互动的过程。

从而提出了"学习无处不在、学习无时不有"的学习观念。这种学习观念，实际上就是打破人与人之间的戒备和防卫，形成一种开放、接纳和包容的态势来促使合作的产生。这无论是对员工个人的成长，还是对组织内部和谐人际关系的形成，都是十分必要的。正所谓心有多大，学习的路就有多长，产生的效果就有多好。

教学方式也随学习内容的拓展而变得灵活多样、丰富多彩。设有各种类型的研习班：如管理能力提升研习班、班组长能力提升研习班、支部书记工会主席研习班等等。培训老师来自各方面的专家学者：一是聘请高等院校的专家教授授课，主要用于一级培训；二是从本厂职工中培训出一支师资队伍，主要用于二级培训。岗位练兵等培训则采取兵教兵、兵教官、官教兵的办法，师生互动，开发潜能。学习的主要内容分为有机的三个层次：第一个层次是职业和思想道德教育，学会如何做人，如何与人和睦相处、友好共事；第二个层次是专业基础学习，提高职工的专业水平和自学能力，深化专业与拓展业务；第三个层次是专业培训，在干什么学什么的基础上强调一专多能，以顺应时代，领先潮流。现在已有不少的操作工人既是操作工又是维修工，既是电工又是车钳工，既能独当一面，又能左右相顾。长此以往，不仅形成了鲜明的培训特色，更给企业带来了生生不息的向上活力。

如果人们组建一支团队以后，就认为不要进一步的学习，团队便能够完成自己的任务，这种想法是不切实际的。如果组织内的团队工作认真，那么它很可能会发现，它所承担的任务中，有许多方面需要目前尚不具备的技术或知识，而团队学习是提高成员相互配合、整体搭配与实现共同目标的能力的学习及活动过程。通过学习，可以使团体成员在以个人为基础发展自己的职业技能和思想意识的同时，也全身心地为完成团队任务做贡献。就团队本身而言，团队学习关系到团队中知识共享和知识创造的有效性。

一、团队学习的外在压力

(一)社会环境的变化

20 世纪 80 年代和 90 年代，全球政治和经济都发生了巨大的变化，全球经济一体化步伐加快，企业分崩离析、连横合纵，竞争日益激烈，技术进步一日千里，社会变化日新月异。任何一个有机体要想生存下来，其学习的速度必须等于或大于其环境变化的速度。在管理上，开发"学习型"团队以适应迅速发展的社会变化已成为时代的必需。正如彼得·圣吉所言:"当世界变得越来越复杂时,学习能力更要增强,才能适应变局。未来真正出色的企业,将是能够设法使各阶层人员全心投入,并有能力不断学习的组织。"

(二)组织的变化

在全球经济一体化所带来的前所未有的竞争挑战面前,为了自身的生存和发展,组织也不得不将自己改建为学习型组织。1990年,美国麻省理工学院的管理学家彼得·圣吉教授出版了一本轰动全球的著作:《第五项修炼——学习型组织的艺术与实务》。《中外管理》杂志报道说,近两年,各国企业的主管见面时都要提到这本书,好像对此书一无所知的人就会给人留下"无知"、"闭塞"的印象。为什么一本管理著作能够引起如此巨大的轰动?从短期来看,公司竞争依靠的是价格、现有产品等;而从长期来看,公司真正的竞争优势在于快速开发适销对路的新产品、灵活把握稍纵即逝的市场机会的核心能力,提供高质量、低价位的产品。所有这一切的前提条件是:组织必须具有一流的创新能力。所以,彼得·圣吉在其《第五项修炼——学习型组织的艺术与实务》的中文版序言中写道:"在全球的竞争风潮下,人们日益发现21世纪的成功关键,与19世纪和20世纪的成功有很大的不同。在过去,低廉的天然资源是一个国家经济发展的关键,而传统的管理系统也是被设计用来开发这些资源。然而,这样的时代正离我们远去,发挥人们的创造力现在已经成为管理努力的重心。"创新能力从何而来?从实践中来,但仅靠单纯的实践摸索已远远跟不上时代发展的步伐,那就必须另辟蹊径,这就是学习,这不仅指个人的学习,而且指作为整个的组织的学习。

(三)对知识作为一种生产力要素的认知

从理论上讲,知识就是生产力来自于"知识社会"和"知识经济"。

1. 人类知识的发展趋势

人类社会在相当长的时期内,知识积累像蜗牛爬行似的,以缓慢的速度向前行进,而当今人类社会已进入"知识爆炸"时代,人类知识总量成倍增长。今天一份《纽约时报》的信息量要比17世纪一个普通英国人一生的经验还多。在今后15年内,人们需要研究和发展的知识相当于自亚里士多德以来2000年内的知识总和。尤其在企业联网中,几秒钟就会汇成大量数据,令人目不暇接。

2. 知识更新的速度加快

信息时代的核心是知识,而知识的本质就是:知识经常发生迅速变化。在许多领域,知识的"半衰期"约为5年,即在学校学到的东西的一半,在5年内变成为过时的东西。10 年后依然有效的就所剩无几了。不仅知识更新绝对量在不断呈指数增加,而且知识、技术和工作的结构越来越变得复杂和专门化,对专业人员来说,在本身专业的复杂性日益加大时,对别的专业的相互依赖性也日益加大,必须在不断扩大的范围内关心许多问题。例如,内科医生还必须应付大量出现的不熟悉的新药物、处理与医疗界内外的人与人之间不断改变着的关系、解决生与死在伦理上的麻烦,等等。

3. 知识转化为生产力的时间越来越短(见表 6-1)

表 6-1　知识转化为生产力的时间一览表

科学发现	年份	技术发明	年份	孕育过程时间
摄影原理	1782	照相机	1838	56 年
电机原理	1831	发电机	1872	41 年
内燃机原理	1862	汽油内燃机	1883	21 年
电磁波通信原理	1895	第一个公众广播电台	1921	26 年
涡轮喷气机原理	1906	涡轮喷气发动机	1935	29 年
发现抗菌素	1910	制出抗菌素	1940	30 年
雷达原理	1925	制出雷达	1935	10 年
发现铀核裂变	1938	制出原子弹	1945	7 年
发现半导体	1948	制出半导体收音机	1954	6 年
提出集成电路	1952	制出第一个单块	1959	7 年
光纤通信原理	1966	制出光纤缆	1970	4 年
提出无线移动	1974	蜂窝移动电话系统	1978	4 年
多媒体设想	1987	多媒体电脑	1991	4 年

从科学发现到技术发明,在 20 世纪初以前大约需要 30 年,到 20 世纪初至 20 世纪中叶大致为 10 年,至 20 世纪下半叶缩短为 5 年左右。也就是说,周期日趋缩短。

4. 知识经济

知识是生产力,科学技术是第一生产力,这已经成为世界公认的原则。比尔·盖茨在微软上的知识垄断,1999 年,盖茨以 900 亿美元的个人财富震惊世界,稳坐亿万富翁首席。美国《时代》周刊评其为数字技术领域影响重大的 50 人之一。2007 年 3 月,美国《福布斯》杂志再次发布全球富豪排行榜,盖茨以 560 亿美元的身份,连续 13 年蝉联全球首富。有人统计,比尔·盖茨个人的财富相当于全世界最穷的 50 个国家 GDP 的总和。目前，1吨重的高型号的波音飞机（不是1架）已大体卖到1/5吨黄金价格，而我们要出口多少万台彩电才能卖到1吨黄金的价钱。在这知识经济的大潮中，团队培养"知识工人"的重要性日益突出。

二、团队学习的内在动力

（一）被动动因：紊乱与危机

这是一种被动的反映。这种反映主要由两种原因引起：

1. 当团队的期望与实际结果出现差距时才进行团队学习

本来，按照我们的理解，团队的集体智慧应高于个人智慧之和，团队拥有整体搭配的行动能力。但是，经过一段时间的磨合，团队未能实现整体搭配。而且在团队内部，个人还格外地努力，但他们的努力未能有效地转化为团队的力量。许多个人的力量被相互抵消掉了。这就是团队内部的紊乱。当团队真正在学习的时候，不仅团队整体能产生出非凡的成果，个别成员成长的速度也比其他的学习方式更快。而且更主要的是，通过学习，使成员之间不和谐的力量抵消或浪费减至最小，从而实现团队的整体搭配，发展出一种共鸣或综合效果，就像凝聚成束的激光，而非分散的灯泡光，朝着共同的方向，无往而不胜。

2. 团队的生存受到了威胁

当团队对完成组织的目标不力时，可能会受到组织对其能否存在进行抉择的危险，此时，如果再不进行大的"动作"，使其在业绩上有新的突破，很难有其存在的理由，新的突破，需要有新的知识、新的技能和新的态度，这些东西必须依靠学习才能在短时期内迅速获得，这一招大有逼上梁山、亡羊补牢之意。

（二）主动原因：直面未来，提高工作效率

这是一种主动的反映。团队所有成员上上下下达成共识：学习是团队得以较好生存的一种条件，是团队可持续性发展的重要条件。因为与竞争对手相比，学习快的团队是唯一能在未来保持竞争优势的团队。只有团队学习，才能不断地提高，也只有团队学习，才能使团队具有较强的战斗力。

通过学习，可以提高团队的工作效率。这主要得益于学习后可以避免过去的过错，

还可以强化过去成功的经验，改变团队的一些低效行为。

（三）个体工作观念的转变

随着社会的发展、物质的丰富，人们的工作观正逐渐由"工具性"工作观（工作是达到目的手段）转变为"精神性"工作观（寻求工作的"内在价值"）。汉诺瓦保险公司总裁欧白恩说："当你工作两天所赚的钱比你的父辈们工作一周挣的钱还多时，大家开始渴望建立比遮风挡雨及满足物质需求层次更高的组织，而这种热望永不遏止，直到理想实现。"这是促使我们朝向学习型团队迈进的深层次的社会动力。而这种变化也是工业社会演进的一部分。

三、团队学习的形式

团队学习有两种基本形式：一是深度会谈；二是培训。

（一）深度会谈

1. 深度会谈的概念及基本条件

深度会谈是一种带有反思性质的学习过程。这来自于一个非常古老的观念。早在1914年，哲学家布伯就以深度会谈一词来特指人类彼此求教的意见交流模式。在深度会谈中，人们完全视彼此为真正的人，而不只是社会机能的一部分。到了现代，许多研究者对此进行进一步研究，得出一些更有意义的结论。如物理学家鲍姆认为，深度会谈能够激发人们在对话中察觉那些过去被认为是理所当然的假设、分歧的意见、处理不同意见的方式以及一些对话的规则，而个人的反思则不足以将这些问题摊开到桌面上来。深度会谈的目的就在于创造一个环境，来保持这种有意识的集体自觉，让整个团队都学会观察或体验潜藏的行动过程。

鲍姆认为，深度会谈应有三个必要的基本条件：

- 所有参与者必须将他们的假设"悬挂"在面前；
- 所有参与者必须视彼此为工作伙伴；
- 必须有一位"辅导者"来掌握深度会谈的精义与架构。

所谓"悬挂"假设，是指参与者先将自己的假设公开地摊到桌面上来，以便接受其他人的询问与观察。其用意在于察觉和检验我们的假设。同时，只有彼此视为工作伙伴，才可能在团队成员之间建立起良好的学习气氛。这一点看起来简单,但却极为重要,特别是在团队成员属于不同层次的情况下,要做到这一点并不容易。再者,在缺乏熟练的指导者的情况下,深度会谈很容易转变为讨论,而不能进行真正的深度会谈。辅导者必须当好一个"过程顾问",把握好会谈的过程和方向,避免其转为一般的讨论;同时,辅导者还应基于其对深度会谈的了解,通过自身的参与来影响深度会谈发展的方向,并做出示范。

2. **深度会谈的过程**

麻省理工学院斯隆管理学院的艾萨克斯是组织学习中心深度会谈项目的主持人,他将深度会谈可能的经历过程划分为四个阶段,并探讨了在这一过程中可能产生的危机。

(1)歧见带来混乱

当各个团队成员进入会议室的时候,必然带着各自的意见,而且是潜藏的不同的意见。此时,深度会谈面临着一个危机,即每个成员是否将自己视为团队中的观察者和被观察者。可能产生的结果是,如果各个成员倾向于逃避对隐藏假设的深究,反而采取自我防卫的立场,那么深度会谈就会演变成缺乏建设性的讨论。在这一阶段,参与者应该摊开自己的想法,不坚持己见,应该深入探究自己产生假设和依据假设采取行动的模式,同时也探究其他成员的想法与假设。

(2)面对冲突根源

当各个成员把过去深藏不露的想法都一一曝光之后,他们面对的是一系列的冲突和混乱。每个人都可能受到冲击,因为他们突然了解了许多原先并不了解的东西,或者是他人的想法,或者是他人的价值观,甚至包括他们自己的心智模式都可能是过去他们自己并不十分清楚的。于是,他们面临着"悬而未决的危机"。此时各个成员必须清醒地意识到目前所处的状况,他们不应恐慌。此时,辅导者应该示范悬挂假设的方法,或者只是指出不同意见及其所代表的意义即可。歧见的产生是深度会谈得以深入的前提,因此,有效的深度会谈应该不断设法让几乎无法察觉的歧见浮上台面。

(3)"大容器"中的探询

在这一阶段中,团队成员开始进行集体探询。通过集体探询,通过相互之间对假设的质疑他们可渐渐地获得真知灼见。在这个阶段中可能产生的危机是"集体痛苦的危机"。因为,当人们开始认识到自己过去想法的错误,意识到自己的心智模式的错误时,就会因此而感到痛苦。要冲破这个危机,必须有相当深刻的集体信赖。

(4)激发共同创造力

当深度会谈进入第四阶段时,团队成员之间将产生出一种心灵的交流与融合。艾萨克斯将此称为"只能意会，不可言传"的交流。在这样的交流中，所有参与者都将被激发出突破性的智慧和创造力，并且领悟到共同语言之美。

如果团队成员能够成功地完成上述四个阶段的学习进程的话，团队将成为真正的团队，其凝聚力将达到前所未有的强度，并由此产生极大的合力。

3. 深度会谈的要素

艾萨克斯还总结了深度会谈的基本要素：

(1)邀请

深度会谈从来不可能被迫地进行，"邀请"即反映了这一要点。

(2)建设性聆听

即参与者要充分聆听并密切注意别人的发言，特别注意发言中的言外之意。

(3)自我观察

当我们观察到主宰我们世界观的思维模式时，我们就展开了自我改造的历程，而一旦看清了自我，即使没有刻意控制，情况也会开始改变。

(4)悬挂假设

把假设悬挂在大家面前，是要让整个团队来讨论你的假设，试图从全新的角度来探讨你的假设，探究假设的根源。

(二)培训

培训是通过指导活动获取知识、提高技能、改进态度的一个过程，它区别于通常的教育。教育是一种学习，帮助整个人生的成长，而培训往往只限于取得或发展能力以适应专业的需要。

一个完整的培训程序应包括五个步骤：

需求分析——课程开发——课程设计——课程实施——培训评估

(1)需求分析

培训是从需求分析开始的，通过需求分析，我们需要弄清以下几个问题：

• 确定差距

• 目前的实际情况和所期望达到的情况之间的差距(见表 6-3)。

• 确定通过学习所期望达到的团队变化

• 实际工作中的问题，经过培训后是否有利于得到解决

• 个人和团队是否愿意培训

• 培训对个人的人生发展影响

表 6-2　培训需要确认表

	所需要的	实际所拥有的	应被开发的
知识	1 2 3	1 2 3	1 2 3
技能	1 2 3	1 2 3	1 2 3
态度	1 2 3	1 2 3	1 2 3

（2）课程开发

成功的课程开发涉及许多变量，在准备课程前，不妨问以下几个问题：

• 培训需要涉及哪些内容？

• 如何将这些内容组织成易讲授的单元？

• 讲授这些单元的逻辑的顺序是什么？

• 传授这些内容的最有效的方法是什么？

（3）课程设计

一般有以下几种类型：

• 螺旋上升型课程内容由浅入深，前后相关性很大。

• 模块型课程内容彼此联系不太紧密，将他们分割几个模块，进行阶段性授课，如计算机、外语和业务课就宜采取这种形式。

• 行动学习型一边学习，一边实践。先集中学习，然后让员工在岗位实习一段时间后，再集中学习，解决实践中的疑难问题，再让员工回岗位实习……

（4）课程实施

方法服务于内容，培训方法的改进有助于培训内容的完成，有助于培训目标的达成。一般说来，有五种常用的方法可供参考：讲授、练习、角色扮演（或情景模拟）、案例分析和讨论。

（5）培训评估

培训的每一个阶段，我们都应进行评估活动，以确保培训的价值。评估的焦点应放在总体培训战略和它对团队的影响上。评估的行为是能够做出价值判断和采取行动，以便有助于组织目标的实现和培训战略的顺利进行。

最常用的评估分为四个层次，这四个层次的主要内容是：

- 反响如何：培训过程中对课程的总体反应，包括授课的方法。
- 掌握知识的程度：学习了什么知识？实现组织和个人目标的程度如何？
- 个体行为的转变：通过培训，对于提高工作能力，达到什么样的程度？
- 给团队带来的变化：通过培训，对组织影响的程度，对实现它的目标作用的程度？

培训对组织的最大好处是什么？

(三)团队学习的其他方法

1. 信息交流会议

信息交流会议，如论坛、聚会、沙龙等都属于这一范畴。

2. 特别会议制度

这是管理学家萨维奇设计的一种团队学习方式。这一方式被称为是产生"优质对话"的好办法。其具体操作方法是：假设一个有 20 多人参加的会议，先把 20 人分成 5 张桌子，每张桌子 4 人。议题研讨就是在每张桌子中有两人轮换到其他桌子，不但能带来其他桌子的研讨意见，并且能与原来桌子的研究意见综合在一起，产生更新的意见。如果是在桌与桌之间轮换几次，最后再进行全体人员的全面对话，以达成共识。

四、团队学习的障碍

(一)过去的知识与经验

过去的知识是我们成功的资本，但也有可能是我们进一步前进的障碍。19 世纪末，举世闻名的英国物理学家达尔文在他写的展望 20 世纪的文章中，满怀胜利的喜悦宣称："物理学的大厦已基本建成，后辈要做的只是零碎的修补工作，把实验数据搞得更精密化。"无独有偶，1900 年，法国数学界的领袖人物庞加来在国际学术会上发表演说，总结了 19 世纪数学领域的光辉成就后，兴高采烈地宣称："数学绝对严密化的目标已经达到了。"可是，人类刚进入 20 世纪，物理学便捷报频传：相对论、量子力学等重要成果相继问世；数学领域也传出"勒贝格积分"等令人耳目一新的成果。由于人们对新科学、新思想缺乏思想准备，人们的脑筋没有换过来，以致很长时间里新积分理论创立者、法国一名中学教师勒贝格的创新思想被人斥之为"大逆不道"、"破坏传统数学的优美"。一时间,只要勒贝格出席学术会议,就会遭到嘲笑和非难。

过去成功的技能和经验,即使对现在的情况无能为力,但人们仍固守这些经验和技能。荷兰物理学家洛伦兹在相对论诞生后,他昨天尚能驰骋的园地的基石开始出现裂缝,他曾提出用"长度收缩"的假说来解释新的矛盾,但由于难以自圆其说而悲观失望。他哀叹道:"在今天,人们提出与昨天完全相反的主张,这就无所谓真理的标准了。我真后悔没有在这些矛盾出现前5年死去。"

(二)为难的管理者

客观上,信息爆炸的负面影响就是信息紊乱,即太多的信息,难以给所有的信息进行整理和归类。所以,管理者很难对未来有一个清晰的认识,以至于团队学什么,如何学,管理者也难以定夺。从主观上讲,有时候,管理者不得不以自己的特权按照自己对社会、组织和团队的理解来制定规则,学习那些自认为有用的知识,放弃自认为"没用"的知识。

(三)悬挂假设

所谓假设,实际上涉及个人隐藏在内心深处的信念与价值观,以及对其他人的看法。对大多数人来说,悬挂假设可能就意味着要改变其固有的对待外部世界的态度,改变其固有的对人际关系的处理方式,意味着改变其心智模式中十分重要的组成部分。悬挂假设对一般成员来说并不容易,对作为领导者的团队成员来说就更为困难。因此,悬挂假设确实需要很大的勇气。

(四)伙伴关系的建立

伙伴关系的建立也是团队学习的障碍,特别是,当组织中存在层级体系,团队成员中存在属于不同层级的成员时,要在团队学习中保持一种平等的气氛就有着较大的难度。

(五)习惯性防卫

圣吉认为,习惯性防卫在我们最深层的假设四周形成一层保护的壳。这也可能形成团队学习的障碍。所谓习惯性防卫,是指一种根深蒂固的人类习性,人们用来保护自己或他人避免因说出真正的想法而陷入尴尬或受威胁的境地。

阿吉瑞斯发现,目前大多数组织中的团队学习并未取得好的效果,其基本原因在于组织的管理者。因为大多数的管理者害怕在团队中互相追根究底的质疑所带来的威胁。学校训练使我们害怕承认自己不知道的答案,大多数的公司只奖励善于提出主张的人,而不奖励深入质疑复杂问题的人。即使我们觉得没有把握,为了保护自己,也不会露出无知的样子,结果是,任何对潜在威胁的探究都被堵死了。最后,团队中就会充满了许多善于避免真正学习的人,这被阿吉瑞斯称为"熟练的无能"。

五、克服团队学习的障碍

克服团队学习的障碍可能有各种方法,例如,我们可能选择那些与组织决策密切相关的、较少敏感性的题目作为修炼初期的突破口。但从一些公司的经验来看,团队领导可能是克服团队学习障碍的一种有效对策。

团队领导或集体领导是近几十年来组织管理方式转变的重大趋势。集体领导较为常见的形式是组成总裁办公室或总经理办公室,实际上构成由4~9个人组成的决策小组。目前在通用电气公司、宝丽来公司等一些公司中已经采取了这种结构。另一方面,即使没有采取这种正式结构的公司,大多数也已经改变了一人独揽大权的做法,而由共享权力的一群人来共同制定决策,协调计划的执行,并分别承担本来由总裁一个人承担的责任。

作为一个团队来管理组织与传统的管理方式相比有重大的改变,因此在许多方面要求管理者自身有重大的改变。在团队领导中,有许多方面与团队学习有着类似的特点:

团队领导本身就是一个团队,在集体领导的过程中,他们常常需要以团队学习的方式进行交流与讨论,来制定组织的策略。因此,对领导层来说,他们就比较容易接受团队学习的形式。

当领导作为一个团队,本身对团队学习比较熟悉之后,将有利于在整个组织中进行团队学习。精通团队领导也就意味着要精通更广泛而复杂的学习过程,而且要比组织中其他团队面对更为困难的学习环境,因此也就对领导者提出了更高的要求。

从知识管理的角度来说,团队学习是组织实现知识共享和知识创造的一种有效手段。圣吉从学习型组织的角度出发对团队学习的讨论对于知识管理有重要的启发意义,但两者之间仍有着较大的不同。

圣吉所提出的团队学习与其五项修炼有着整体上的联系,是五项修炼中的一项,他更多的是从系统角度出发来进行讨论。学习型组织是一种较为理想化的组织,团队学习对于组织共同远景的建立,对于组织文化的建设等都是一种基本的形式,因此它更具有"修炼"意味,更着重心智模式的改善和世界观的改造。当然,它对于组织中学习环境的改善和组织成员之间的有效协作具有重要意义,就此而言,可以说圣吉所提倡的团队学习对于知识管理是一种可以借鉴的做法。但另一方面,知识管理更强调的是一种务实的管理方式,与知识管理相对应的团队学习一般应该有其相对具体的目标,并与组织的具体运作紧密地结合在一起。因此,有效的做法或许是将两者综合起来,在组织中开展既有利于改善心智模式的、又有利于知识共享和知识创造的团队学习。

第七章　自我管理团队

"自我管理团队"（self-management team）这一概念诞生于 20 世纪 70 年代日本的一家基础管理学学院。在接下来的发展过程中，它强调的是质量循环监测过程。"质量循环监测过程"和"团队的自我管理"两者之间的主要区别在于，前者是针对暂时的交叉活动而设立的，而后者则具有更长的生存周期。但两者都与改善策略紧密相连，因为它们的目标都是寻求团队的持续发展。

那么，到底什么是自我管理团队呢？我们必须明白其中的真正含义。对此，大家一致的观点是所谓"自我管理团队"指的是："一个一般由 6～18 人组成的，经过培训的团队。其中的每个人都负有明确规定的工作职责。"

这里所说的"明确规定的工作"十分重要，它可以是一系列明确划分的过程，比如说，组装一辆摩托车；或者是一些更为简单的过程，比如说，只是组装摩托车的一部分（如发动机）。而自我管理团队也同样可以适用于服务业或是管理部门本身，比如说保险业（AXA-Sunlife）。

"自我管理团队"的思想核心在于授权过程，即员工在一系列关键过程中的学习和自我管理的过程。想要实现自我管理的企业就必须明白，在这其中需要考虑到一些重要的因素——文化改变。很多企业之所以放弃"自我管理团队"的想法，主要是因为在实施前他们没有具备必需的前提条件，而以下的这几个方面就是要想取得成功的前提条件。

一、引入自我管理团队的前提

（一）领导的全面支持

这一点至关重要。对于依托"自我管理团队"思想取得成功的团队而言，他们都有一个特点，这就是有团队领导的全面支持。很多企业都喜欢宣称他们吸收了"自我管理团队"思想，但很少有企业能够自上而下地完全实现这种企业文化的改变。

（二）实践和创新的观念

在一个能够不断创新、勇于尝试的企业中，"自我管理团队"思想就可以得到很好的发展。并不是因为要追求企业的与众不同才去吸收"自我管理团队"思想，而是因为它可以成为企业改革和创新的驱动力量。

（三）上下级之间的诚信和公开

另一个很重要的因素就是团队中上下级之间的诚信度。这就保证了实行"自我管理团队"思想的诚信度。同时，它也能保证团队中的每个人都会参与和投入其中。

（四）信息交流的通畅

这是改善策略强调的一点。在企业中建立诚信和公开的体制，可以使人们愿意和其他人共享信息与经验，并加速团队的前进步伐。特别是在共享信息后，人们的思想会更开阔，变得更富有创造力。

（五）统一性

团队的上下各方面都应该具有这种统一性，这也是建立"诚信"与"公开"思想的一部分。若没有团队上下一致的支持以及一个统一的团队环境，"自我管理团队"思想经常会宣告失败。

（六）充足的资源——资金、时间和技术

在现阶段，这是一个很大的挑战。对于大多数企业而言，时间和资源都是稀缺的。

而在"自我管理团队"思想的帮助下，一个紧锣密鼓的实施计划可以提高生产率和利润。

(七)支持培训

这与上面讲到的资源直接相关，在追寻"自我管理团队"思想的具体实施过程中，必须对成员进行培训和提高。因为这些培训肯定会帮助"自我管理团队"思想的进一步实施。

(八)采用有利于团队工作的生产过程

改善策略一贯很强调在团队运作中具体的生产环节。但需要注意的是，并不是所有的生产环节都适合于"自我管理团队"思想的开展。判断引进"自我管理团队"思想是否可行的主要标准，可由其定义得出：

一个一般由6～18人组成的经过培训的团队，并且每人都负责明确规定了的一部分工作。

若在团队中没有明确规定的工作部分，或是团队太分散，人与人之间工作的相关性不强，那么，引进"自我管理团队"思想就没有太大必要了。

(九)有充分的支持和帮助

对于每一个新的管理项目而言，"自我管理团队"思想的建立过程需要广泛的支持。很多时候它需要团队内部成员的支持；需要研究过并帮助建立"自我管理团队"思想的人的支持；在另外的一些情况下，还需要对"自我管理团队"思想有丰富经验的专家给予支持。

二、引入自我管理团队前应考虑的其他因素

除了上面所列出的9点之外，在实现"自我管理团队"前，我们还需要考虑其他更进一步的一些标准。

(一)现有的经济状况

很多企业采用"自我管理团队"思想是想让它帮助企业渡过难关，诸如企业的生产状况不佳，生产规模不断缩小，行业经济萧条，等等。但不幸的是，绝大多数企业的实施

失败了。我们需要记住的是,要使"自我管理团队"思想有效地运行,其前提就是企业要有一个较好的经济环境和经济状况。

(二)管理者们是否愿意"放权"

员工们所面对的挑战是准备并接受这种自我管理思想。而对于团队管理者们而言,他们必须愿意放权并学会放权。他们必须能够适应权力、工作任务以及工作范围的变化。

(三)员工们的能力及准备情况

"自我管理团队"思想往往会带来更好更高效的工作方式。但可能会有很多员工并不清楚"为什么要吸收'自我管理团队'思想?'自我管理团队'思想究竟指的是什么?怎样实现这种思想?"因此,我们必须让他们彻底地明白其中的道理,并不断地对他们进行鼓励。我们也遇到过一些例子,其中,企业员工就没有能力实现这种调整。

(四)团队的工作过程与"自我管理团队"思想是否相容

另外一个需要考虑的因素就是企业或团队现有的工作过程与方式是否适合"自我管理团队"思想。对于一些包含了很多不适合引进"自我管理团队"思想的因素的团队而言,就没有必要再进行"自我管理团队"思想计划了。

很多企业把对"自我管理团队"思想的实践过程放在一个较小的范围内进行,这往往能够取得很大的成功。于是,他们会把实践的范围扩大。很多实际的例子表明,这样做的结果反而使在较小范围内取得成功的这种思想受到了威胁,并最终使新建立起来的"自我管理团队"彻底失败和瓦解。

(五)"自我管理团队"思想对员工家庭的影响

没有哪种思想的变化是孤立进行的。工作方式的改变也会影响到员工,影响到他们的生活方式。在企业引进这种观念的初期,员工们的压力可能会不断上升。在很多实际的例子中我们看到,"自我管理团队"思想的引进可能会使员工们自愿加班,而这就会占用本属于他们的休息时间。这时,员工们就需要来自家庭的支持以及家人们最充分的理解。特别是在一些雇用了很多当地居民的本地企业之中,这种情况就更加明显。

三、引入自我管理团队的五大步骤

(一)设立一个执行指导委员会

实现"自我管理"是一项较大的企业文化改革工程。它需要来自上级管理层最充分的支持。而使上级管理层加入其中的方法之一,就是设立一个执行指导委员会。其成员可以是团队的首席主管、首席主管的上司,以及其他一些会对改革带来帮助的领导们。

设立这个机构的好处在于,这可以使他们:

- 对"自我管理团队"思想的各个概念更加熟悉。
- 定期获得团队中执行"自我管理团队"思想的进展情况和其他相关信息。
- 建立并深化对"自我管理团队"思想的信心。

另外,他们也有必要通过网络、书籍、会议和培训等方式来进一步加深对"自我管理团队"思想的理解。他们需要明白这一思想的内在语言,从而能够从具体的细节上与员工们进行交流,并进一步将该思想深化和传播。

(二)指派和选择人员组成决策委员会

有了执行指导委员会后,接下来就需要组建一个具体的决策委员会了。其中的成员应是在引进"自我管理团队"思想的过程中直接的指导者和规划者。他们必须对这一思想有深刻的理解,并精通其中的运作策略。委员会可由两人或多人组成。其中可以包括首席执行官、人力资源部门主管,以及生产部门主管,等等。当然,这个委员会也可由更多的一些人组成,甚至包括一些生产线上的管理者。

决策委员会的责任在于使"自我管理团队"的思想计划适合组织以及组织文化的现状。他们的任务在于做出具体的改革方案和计划。同时,他们也应确立团队的人选,并指派人选担任各级的管理人员。

(三)确定试点范围

对于决策委员会而言,其中的一项大任务就是确定以何种恰当的方式引进"自我管理团队"思想。其中包括了对试点范围的确定。而试点范围的恰当与否与整个思想将来的成败有着直接的关系。当日本企业改革其组织文化时,他们往往会选择有较多新手的部门进行试点。他们的理由是,因为是新手,所以他们在很大程度上没有受到传统企业观念的影响,即不会因循守旧。这样,成功的可能性就会变大,成功的时间也会缩短。另外,决策委员会还需要考虑其他的一些细节问题。在他们的可行性研究中,他们应该问自己以下的一些问题:

- 为什么我们要在这个部门进行"自我管理"的试点工作。
- 我们期望达到的目标是什么(最好能够进行定量分析)。
- 我们是否已经评估过了团队成员现有的技能和水平状况,是否适合向"自我管理"思想进行转变。
- 谁适合担任该项目的主管?
- 他具备了相应的能力吗?
- 我们对团队的现状了解吗?

(四)开始运作项目并熟悉项目过程

一旦决定引进"自我管理团队"思想后,让整个团队了解和熟悉这一思想就显得格外重要。我们应该倡导和鼓励大家去了解、去熟悉、去接受。这样做能够避免疑虑以及可能出现的谣言。相关的员工、客户、供应商和其他可能受到"自我管理团队"思想影响的所有人员,都应该得到这方面相应的培训。在该活动中,我们应该回答以下问题:

- 我们为什么要这样做?
- 这样做会涉及哪些方面?
- 对于引进了"自我管理团队"思想的类似企业,他们的背景和业绩怎么样?
- 可能产生的收益或是教训将会有哪些?
- 需要多长时间?
- 可能出现什么陷阱?
- 人们是怎么看待这个问题的?
- 它将如何影响到我们的工作?
- 谁将参与进来,并以什么样的方式参与?
- 企业进一步发展、成长和巩固的潜力是什么?
- 这些都将如何实施?

决策委员会应该考虑到所有的这些问题。同时,以简洁、清楚的方式给出答案,必要时可以辅以图片等形式的说明。在一些较为成功的活动中,是通过宣传画、录像、标语和很生动的图画来进行说明。决策委员会可以找一些在这方面有专长的人员来担任此项工作。

（五）人员分工

在引进"自我管理团队"思想的时候，主要会涉及以下五类人员的分工：

1. 上级管理者

以前他们担任的角色是对团队直接的领导和控制。而现在，他们的角色演变成了项目的批准人、教练以及对于"自我管理团队"思想的策划工作的责任承担人。他们不再在团队中承担具体的指导工作。

2. 顾问

他们将对团队的实施过程提供咨询。他们知道如何开展集体研讨，如何带领团队工作，如何将讨论的意见进行平衡和筛选。他们可能在改善策略或是其他质量管理策略上很有经验。另外，当团队的领导与成员之间发生矛盾和争吵时，他们可以去充当仲裁。他们的意见和观点应该是不存在偏见的，并且是本着解决矛盾、加强沟通的目的。他们应该是较好的倾听者、较好的解说者，并且善于与人沟通，展现出较强的领导才能。一般来说，团队的上级管理者最好不要兼任本团队的顾问。不过，他们倒是可以担任其他团队的顾问。

3. 团队领导

他们可能曾经担任过部门主管，或是生产线上的主管。这样，他们就有可能沿袭以前传统的管理方法。如果真是这样的话，就有必要在其下属中寻找新鲜血液了。作为一个团队领导，他应该和上级管理者、团队顾问们一道来组织和规划团队。他必须是"自我管理团队"思想百分之百的支持者，并愿意放权，愿意让团队成员去进行"自我管理"，从而在真正意义上实现这种新的管理方式。

4. 团队成员

作为团队成员，他们应该拥有共同的目标。他们是对于"自我管理团队"思想具体的实施者。同时，他们也需要得到进一步的培训和发展机会，从而在真正意义上具有进行"自我管理"的能力和责任感。

5. 其他支持"自我管理团队"思想的团队及人员

还有其他很多人与"自我管理团队"思想相关。他们可能会把"自我管理团队"思想运用到服务业。一般来说，在企业的管理部门和财会部门工作的人员更容易对此产生兴趣。有时候他们自身就是在进行"自我管理"。当然，情况也不全是这样。有时，他们对"自我管理团队"思想产生兴趣的原因在于其客户尊崇"自我管理团队"思想。因此，只有通过学习这方面的内容，他们才能更好地去接触客户，更好地去了解他们的需要。

四、让员工自我管理

对于采用"自我管理"的企业文化来说，很多企业的现状并不适合。因此，我们就必须开展相应的培训活动，并通过这些活动使大家获得所需的技能。它们包括：技术上的能力、管理上的能力和人际交往上的能力。

（一）技术上的能力

这是实现自我管理的一个基础。首先，要进行一个全面的技术分析，对任务进行恰当的规划和正确的分析。在这个过程中，技术专家们的技能可以得到淋漓尽致的发挥。最后，需要把这些过程都转化为管理术语，并用于对个人或是对团队业绩的评估。同时，这对于团队成员相互教授工作技能也是很有帮助的。这就创造出了一种有流动性的组织结构。而这种新的结构，能够使企业在最大程度上具有弹性和灵活性。

（二）管理上的能力

管理上的技能对于团队的顺利运作、工作的顺利进行而言都是很重要的。在传统的观念上，"管理"一词将白领和蓝领区分开来了。企业的传统做法也是鼓励技术工人和其他体力劳动者把管理的工作留给所谓的"脑力劳动者"。两种劳动者之间有着明确的界限。而所有这些观念，都是和自我管理模式相违背的。每个人都应该学会计算机的操作技能，学会存储和处理信息等方面的技能。另外的一个关键因素就是，和其他组织、客户以及供应商取得联系、进行沟通的技能。此外，团队成员还应拥有基本的金融和财会知识，其中包括预算的技能。在很多组织中，对于员工的另一个要求就是具备基本的项目管理能力。其涉及对工作与实施过程的规划和时间安排等方面。这就像是改善策略的一部分。在改善策略中，员工们应该经过培训，并会使用 Ishikawa 一类的工具来对项目进行分析、测量和计划。在其他一些企业中，员工们甚至要学会如何考核和评估新的职员等方面的技能。

（三）人际交往的能力

从某种程度上讲，这可能是有关能力发展最重要的一方面了。我们常常会在不经意间获得这方面的技巧。我们在不知不觉之中效仿身边的榜样（父母、老师或是老板）。

当然，在这其中我们不太可能学到专门适应于"自我管理"的人际交往能力。以下就总结出了一些对于"自我管理团队"思想所需的人际交往能力：

- 倾听并给予反馈的能力；
- 团队对于问题的解决能力，开展团队自由讨论的能力；
- 对于团队中可能出现的矛盾的解决能力；
- 说服和影响团队其他成员的能力；
- 清楚展现思想、信息和解决方案的能力；
- 基于相互协作的决策能力；
- 团队内部的合作能力——获得、发送和共享信息。

五、自我管理团队的发展阶段

我们可以把团队比做任何的一种生物。像大多数生物一样，团队也会经历一系列连续的发展阶段。在"自我管理团队"思想的建立和发展过程中，在其走向成熟前的每一个阶段都有着清晰的特点。这些阶段可以归结为：

(一)第一阶段：形成

本阶段包括了执行指导委员会需要完成的一系列准备工作。这些准备工作应该包括建立相关的理念，使之推动"自我管理团队"思想的发展。而相应的任务说明书和计划表也应该出台。本阶段还应该确定团队的工作范围，并支持中高级管理人员为了参选而进行的游说活动。同时还需要开展的工作是在团队内部进行最初的大致分工。

在本阶段，团队成员应该：

- 学习交流的方法和人际交往的能力；
- 学习管理的技能；
- 进一步扩展自己在技术上的能力；
- 相应地，团队的领导者们也应该学习如何适应这种角色与任务的改变。

(二)第二阶段：混乱与分歧

像其他也在寻求改革的团队一样，一定程度上的混乱状态是完全可以预见到的。这种现象的出现是正常的，也是团队引进"自我管理团队"思想的一个必经阶段。

由于该阶段存在可预见性，所以预先告知团队成员对其加以重视就显得很重要。这可以通过不正式的咨询和交谈活动达到目的。当然，让员工们提高对可能出现的混乱状况的警觉，也可以通过第一阶段的工作达到。总的来说，这种混乱是对团队的一种考验。这个阶段团队领导的威信可能会丧失，而这就更需要发挥出团队的力量来进行决策。当然，不同的企业文化会带来不同的解决方法。在日本和斯堪的纳维亚的北欧国家，团队对这种情况的处理会好一些。因为在传统上他们就强调参与性和相互交流性。在法国，情况恰恰相反。他们的团队合作性较差。而这主要是由于"老板说了算"的体制在法国沿袭了很多年。在他们之中，老板是老板，员工是员工，大家的等级思想和观念较强。

对于很多管理者而言，这种混乱的状况可能会引发他们对于职位的担忧。他们不愿看到由这种变化带来的权力的不平衡。在这个阶段，似乎没有人能够看到自我管理的好处和益处。似乎每件事看起来，都让人觉得恐怖。就在这时候，一些非团队成员或是一些本来就不支持企业文化改革的人员开始提出反对意见了。在团队中，经常会以公开的或是非公开的形式出现对于自我管理的抵制情绪。当然，可能还有一些人在偷偷盼望着"自我管理团队"思想的失败，盼望着大家能够抛弃这种观念。

(三)第三阶段：信任并支持领导

在这个阶段，随着团队成员对统一的奋斗目标的确立，团队成员们的信心也大大增强了。当每个人的技能都提高时，大家就会充分地感到成就感。而这时，彼此之间的对立思想也会慢慢淡化。大家变得更加团结，对未来更加充满信心。他们希望有人来成为团队的领导，来代表他们的意志和其他组织进行沟通和协调。这就意味着团队里的一个成员必须站出来，成为团队的主心骨，成为大家的依靠，成为信息的收集和发散中心。他就成了团队的临时领导，并进行任务的分配，担当起团队内部组织者的角色。

这个临时的领导同时也应该是教练。必要时他应该向团队成员提供建议，并开展相应的培训活动。在任何一个团队的发展过程中，这个临时领导的出现都是很自然的一步。但他不一定要有从事管理工作的经验，这点就十分有利于团队创新思维的发展。而"自我管理团队"思想的进一步发展，也很需要这个临时领导的角色。而最糟糕的组合，就是团队中的成员本身能力不强，却都很高傲，并不愿意主动寻求别人的帮助。从而，相互之间缺乏交流。而防止这种情况出现的一种方法，就是在不同的阶段指定不同的成员来担任这种临时领导的角色。

在这个阶段的后期，团队成员与其领导之间的信任度得到了发展。这主要是因为团队领导开始真正地关注于团队实际的运行过程。而团队本身也开始建立起与客户、其他管理者以及团队支持者们的交流方式和模式。生产率和工作效率都在很大程度上得到了提高。这时，临时领导的责任就完成了。

(四)第四阶段：消除等级差别

到了这个阶段，"自我管理团队"的这种新的企业文化已经开始站稳脚跟。很多例子都表明，在这个时期，团队成员都经历了一段能力迅速提高的欣喜过程。这是因为他们已经学会了如何识别、管理和提高他们的工作，并不断地达到一些具有挑战性的目标。这时，他们或许还会提出一些并不现实的目标。但是，一旦受挫，其信心就会在很大程度上受到打击。我们应该避免这种情况的发生。团队高涨的士气对于一个团队而言是很重要的，它往往能够弥补成员能力的不足。团队中的任何矛盾都可能是由有意或是无意的反对情绪引发的。而对于"自我管理团队"思想，一个很大的挑战就在于组织的变化给团队所带来的影响。

这种变化可能会带来企业的并购、企业的扩容或是企业规模的缩小。而这些都需要企业重新调整管理方案。它们可能对新出现的"自我管理团队"思想带来负面的影响。而团队内部成员的变动，也会使团队的整体性在一定程度上受到影响时常常会不成功的原因所在了。反之，若企业中引入"自我管理团队"思想的范围越大，其灵活性也就越大。

本阶段可能出现的陷阱：

- 在这个阶段，由于"自我管理团队"思想所带来了巨大成功，其很容易发展成一种"独断"。

- 若其他部门没有达到他们相应的目标，"自我管理团队"思想很容易遭到排斥和批判。

- 当"自我管理团队"思想在企业的两个或是三个不同部门中同时运作时，他们之间会产生竞争。若在这之前没有对企业文化进行相应的改革，不健康的竞争方式就有可能出现。比如说延迟信息的传递，甚至是想方设法破坏其他团队的发展。

而针对"自我管理团队"思想进行的一系列企业文化改革，也包括了一种新机制的建立。这种新机制可以不断地提醒成员之间进行合作和交流。一种行之有效的方法就是选派团队内部的成员建立一个委员会，来监督和评估团队的工作和合作状况。阳光生命公司内部的金融团队，就是使用了这种方法来增强团队内部的相互信任度。

(五)第五阶段：最终实现"自我管理"

当团队运行一段时间后，一个共同的奋斗目标成功建立，团队成员理解彼此的工作模式和工作方式,并下意识地努力将每件事做到最好时,"团队的自我管理"状态就达到了。同时,团队内部也产生了相应的领导机制。每个人都感到自己是团队的主人,并明确组织的目标。而最令人感到兴奋的就是,在这时每个成员都感到自己像是公司的"老板",对其经营状况全权负有责任,并对于成功有着强烈的渴望。在此过程中,追求不断进步的改善策略也得以提高和完善。

这时,我们关注的焦点仍然是客户。人们常常会涉及如何开辟新的市场,如何在残酷的竞争中取得胜利等话题。那些在传统企业文化中员工们不可能涉及的话题,现在却成了大家每天交谈内容的一部分。英国 BBC 广播公司就曾经报道了这样的一个实例:位于英国中部的兰德·鲁弗(Land Rover)公司,在一个实现了"自我管理团队"思想的企业中,有一名员工自愿每天早晨 5 点就开始工作,进行构思、设计和完善每一项新的工作过程。而这些工作过程的改善,可以让该公司在一年之中节省 3 万美元的开销。

"自我管理团队"思想在传递信息和获得反馈方面开辟了新的途径。所有的团队成员都会不断地学习并掌握新的技能。他们愿意:

- 迎接新的技术挑战;

- 追寻不同的方式来满足客户不同的需求;

- 寻找方法来改进支持系统,发展和重新定义管理过程;

- 充分利用网络来交换信息,以提高信息的传输速度,从而提高生产率;

- 更加积极地工作,对于一些会对工作产生影响的决策,试图较为深刻地去理解其中的内在道理。

1. 自我管理团队周期

自我管理团队的形成过程所需的时间长短,主要取决于企业文化。有的企业可以在两年之内完成,但这极为罕见。在这项工程实施前,这些企业完全具备了在本章前面部分所列出的前提条件。而常见的例子是在 3~5 年中完成。但是,随着技术的更新,特别是信息技术的进步,这个周期在逐步缩短。

团队的自我管理阶段是需要不断进行维护的。有人认为,一旦达到了自我管理的阶段,团队就会一直维持在这个阶段上。其实这种想法是错误的。维护的工作必须不断进行。这时,管理者们能够更加自由地进行决策和创新活动来开发新的项目,他们也更加有责任去迎接新的挑战,将"自我管理团队"思想发展到一个新的阶段。这可以通过重新强调改善策略和另外的一些注重发展的理念来实现。另外,还应该和现有的客户、潜在的客户以及成功实现"自我管理团队"思想的团队成员们进行讨论,并开展面对面的交流活动。整个发展计划实施过程也包括了各方面的培训,其中,不能忘了有关改革和创新思维方面的培训。

2. 有关"自我管理团队"思想的奖励机制

这个主题几乎可以用专门的一章来讲述。而团队中具体的奖励条款是和企业现存的奖励机制紧密相连的。这会因企业的性质和特点的不同而不同（举例来说，一个 IT 企业，全由年轻人组成，大家都是实利主义者；另一个是较老的企业，很多员工都较保守，那么，这两个企业的性质和特点就不同）。另一方面，在一个特定的范围内，这也会因人们所遵循的准则的不同而千差万别。举例来说，在意大利以及很多拉丁民族国家内，相同的酬劳是一项十分重要的准则。你不能单单奖励团队中的一个人，而不相应地奖励其他成员。这和美国很多私营企业的奖励方法截然相反。而在另外一些企业之中，比如说，在英国的达顿（Dutton）工业公司，他们很成功地实现了自我管理的机制，于是他们就开始设立自己企业所特有的奖励机制，其中也包括赔偿机制。

（六）第六阶段：变革

这是最后一个阶段，而这也可能会打断整个团队自我管理的进程。这是一个变革的阶段，也常常被大家说成是一个改革的阶段。它也是对于现代经济状况的自然回应。现在，基于客户至上的策略（如准时生产 JIT）使得团队经常面临重组或是解散的压力。这对于团队的负面影响将是灾难性的。有时企业会处在一种令人悲哀的境地，连一些最忠诚的员工都可能在这时离去，这几乎让人不能接受。这时，企业将雇用新的员工，但老成员可能会对他们产生怀疑甚至是敌对的态度。

而这就是现在很多成功的企业引进"自我管理团队"思想来进行企业文化变革的初衷所在。在很多例子中，企业将"自我管理团队"思想先在一个较小的范围内进行试点，成功后，再将其运用于整个企业，这时却招致失败。这主要是因为在那个较小范围内做出的试点，往往不能运用于企业的其他部门。位于美国的一家大型化学用品跨国公司就有过这种经历。由于该公司在阿肯色州分厂的独特性，该公司不得不取消原计划在这里进行的团队自我管理实施项目。

在这方面，日本的企业往往比那些西方的竞争者们做得好。日本企业同时建立起了"授权"和"参与"这两种企业文化，并使两者总是同步发展。从员工第一天进入企业开始，企业就鼓励他们用符合改善策略的语言来进行思考、交谈和行动。这种方法就有效地消除了在第六阶段时企业可能会受到的各种负面影响。这些企业是建立在一个稳固的相互依赖的"团队自我管理"基础之上的。

第八章　虚拟团队

虚拟团队对于各行业而言是一个很新的概念。就像各种变化领域的新事物,有关建立和运行虚拟团队的思想正处于变革和逐步改进的阶段。目前,还没有关于虚拟团队的一个固定的概念。同经典的团队概念相联系,其定义为——一个由具有共同目标的个体所组成的群体。谈到虚拟团队,其成员并不是在同一地点进行面对面的工作。

目前,如何在一起协同工作,有不同的组合方式,随着现代工作模式的转换和变迁,团队成员的组合方式类型很多,包括:

- 在同一地点,同一时间;
- 在不同地点,同一时间;
- 在不同地点,不同时间。

虚拟团队的组合方式可以是:

- 分布在同一国家的不同区域,为同一组织工作的人员;
- 分布在世界范围内,为同一具有跨国公司性质的组织工作的人员;
- 服务于不同的公司、供应商、顾客,有的互相之间甚至是竞争对手的关系,但需要在某一特定的项目上在当地或全球范围内进行合作的人员。

群体工作方式的这些变化,绝大部分来自技术的推动。随着卫星通信、个人电脑、调制解调器联结、因特网以及洲际网的普及,带来了世界范围内的经济革命。早在20年前,有关文章就对这次革命进行了评述。阿利文·托夫勒(Alivin Tofler)在他的《第三次浪潮》一书中,就谈及电子屋(electronic cottage)的概念。现在,由于世界经济的发展,电子屋已成为现实,并出现在城市的每条街道上。21世纪初,我们还处于远程虚拟作业发展的萌芽阶段。我们的计算机功能强大,但还没有发挥到极致。无论信息技术对未来的影响是否不容忽视,当前,对于每个组织的挑战是怎样去挖掘这种强大的生产资源。我们的前方有一条明确的道路，就是学习怎样进行远程工作。

一、虚拟团队或远程作业概述

当组织向远程作业方式转化时，其目的是为了提高效率，降低成本。信息技术公司，例如数码和优利系统公司就是这一领域的带头人。他们在欧美地区低价出售了千万美元的资产。原来，公司维持办公室经理这一职务的费用一年大约为 1.2 万美元。当财产处理后，公司给每个人配备了一台高性能的电脑和数据通信设备（1SDN），使个人在卧室就可以同办公室相联系，从而，使得维持这一职位的费用每年降低了 5000 美元。当这种方式被大范围推广后，有组织的远程作业为公司带来了巨大的益处。

当个人、群体，通过技术手段相互连接在一起时，远程作业方式就应运而生了。人们的工作既可以在同一幢楼里，也可以是在边境或是境外，还可以是在家里、在汽车上，甚至可以在飞机、火车和饭店中。这些人生活和工作的主体是"网络远程作业"，这听起来好像是一个矛盾——然而，随着虚拟团队的形成和不断发展，它对任何组织而言，都将成为一种非常强大，而且功能齐全的工作模式。

（一）虚拟团队的优势

试想在一个大型的国际化组织中，任何一样事情都像钟表的工作结构一样严密。按键的瞬间，信息和知识就得到了传递；产品和服务的提供无须延迟；供应商和顾客通过高效的渠道相互联系，因此送货非常及时；项目中的合作能达到天衣无缝；员工被授权可以进行决策，并将相关的变革引入工作过程；顾客可以及时、正确地得到信息；浪费极大减少，有时甚至可以完全消除。这一切就是改善型理论和日本的消除浪费（muda）的远程作业模式给我们带来的。这种组织的另外一个代名词是"灵活"。这也是远程作业和虚拟团队所能提供的。没有任何方式可以直接转化到刚才我们所说的那些情形。向虚拟工作方式的完全变革是管理方式变革的艰难历程，尤其是来自高管理层的身体力行、支持以及理解。在 21 世纪，许多公司，例如达马克，就奉行了细长延伸型、渔网型和流动矩阵型组织的概念。

流动矩阵型组织的特点是：

- 无等级划分；
- 平行化、网络化的团体；

- 没有管理约束,或在必要时由网络和分部门进行管理;
- 管理人员更多涉及的是战略、变化的预测以及为满足未来需求而进行团队活动的重新调整;
- 非正式组织的内部、外部网络可带来大量的创造和变革;
- 没有级别上差异的团队是实际工作的主体;
- 团体行为的特有方式——形成、变革而后消亡。

同一成不变的矩阵方式不同,流动矩阵是一种高度自由和机动的组织结构。这里有专门的节点反映职责。然而更关键的是在持续改进的灵活团队中,有许多是远程作业或是像虚拟团队一样的工作方式。这些团队没有旧的形式下的英雄领导,他们是自我管理型团队,管理的实施是根据目前的项目或是工作的需要来进行。许多这样的团队奉行的文化是改善或持续进步。由于他们非常成熟,已成为可进行自我控制的实体,所以这里的每一个人都能得到信息并有能力去获得、实践和使用新技能。

(二)虚拟团队的缺陷和弱点

许多公司是偶然采用了虚拟公司的概念,这可能是由于他们的组织方式。国际化的分销和服务要求组织不仅在国内,而且在其他各个国家和地区建立地方办事机构。这就是虚拟团队产生、发展的根本原因。有时,虚拟团队可以由一群销售人员组成,他们的主要任务是吸引顾客。而这常常不能保证团队的正常运行。这样组成的虚拟团队经常会由于以下的负面因素而最终失败:

- 缺乏对虚拟团队和远程作业的理解;
- 上级管理人员给予的支持微弱;
- 对人员的培训和发展不足(尤其是沟通方面的培训);
- 缺少改造设备(技术工具、个人电脑、移动电话等);
- 缺少技术支持和技术培训;
- 组织没有成功地贯彻"虚拟团队作为一种文化,可以改变管理"这一理念。

如同任何可以带给团队变革的东西一样,在组织中建立虚拟团队必须有战略计划的辅助。实际上这表明,需要对组织的目标重新审查。下面的一些审查问题或许对建立虚拟团队有所帮助:

- 我们为什么需要虚拟团队;
- 团队的服务目的是什么;
- 组织的哪部分将转化为虚拟团队;

- 怎样才能使他们的效率同我们的组织目标相联系;

- 谁将领导/合作或管理团队;

- 我们怎样维系团队行为同主流行为之间的联系;

- 我们需要的资源是什么(财务、技术、原料及人员);

- 我们需要的支持有哪些(人力资源、培训、财务、激励、信息技术);

- 建立虚拟团队会怎样想象我们的顾客、供应商、内部系统;

- 我们的这种工作方式对竞争对手和有关方面会产生什么潜在的问题。

(三)建立虚拟团队

建立虚拟团队最理想的方式是在平稳的环境中进行。许多组织都没有这一先决条件。通常,虚拟团队建立在相对动荡的情况下,这里的环境是需求或商业的增长。

首先让我们看在平稳环境中建立虚拟团队的过程,这会让我们了解最理想的情况。

(1)清晰地描述和理解愿景。在整个团队中传播有关发展蓝图和虚拟团队的信息非常重要。人们需要了解为什么要建立虚拟团队,他们的目的是什么,他们将怎样行动,这会对他们在组织中的日常生活产生什么影响。这些问题对于员工、顾客和供应商的重要程度是相同的。

(2)控制文化变革。向虚拟团队或远程作业的转化,同样需要被看作是组织文化变革的一个组成部分。如果是这样的话,领导和管理者就应当进行所需的文化分析,其对象为目前组织中的现存的文化。依照变革的程度,可通过内部或外部的咨询来完成这项工作。在一些组织中,例如优利系统公司,所有部门都被撤销,取而代之的是虚拟团队。这里主要需要以正规的方式来控制变革。可能的话,员工的咨询意见也应该被大量采用。

(3)使战略计划同行动目标链接。建立虚拟团队必须有合乎逻辑的理由。目标越是从实际情况出发,就越容易被人接受和理解。许多在传统工作环境下的人对虚拟团队非常怀疑。他们将虚拟团队看作是信息技术族所追求的短暂时尚。但是,应当看到,行动目标同虚拟团队之间的链接,可以巩固团队的工作基础——拥有共同目标。

(4)建立项目管理的方法。这样可以降低负面或偶发事件所带来的危险。用项目管理的方法建立虚拟团队,可以保证团队的努力会有更成功的结果。此外,改善型的概念也可以被应用——尤其是使用其中的一些工具,来分析和解决问题。实际上,项目管理方式是一种积极的工作方式,而不是被动的反应性的工作。它给虚拟团队提供了如何管理自身行为的一种模式。这些行动可以涉及任何员工和领导人员。

(5)招募项目经理/合作者。在建立虚拟团队中,这是非常重要的一个环节。项目经理/合作者应当有丰富的经验,并且清楚地知道虚拟团队如何进行工作。最重要的是,这个人必须有高超的沟通水平和影响力。他/她将成为任务实施中的变革者,改革的媒介或代言人;他/她必须能在团队内外开展工作,同时能清除工作进程中的障碍。这些障碍可能是由于技术或是人。在这章的后一部分,我们将介绍虚拟团队的领导人员必须承担的工作任务和经历的工作过程,以便为有效的虚拟团队工作建立基础。

(6)招募、选择合适的团队成员。此后,我们将选择本身就具有沟通能力的人员。当索尼公司选择在威尔士建厂时,他们之所以这样做的原因是由于当地居民所具有的特质。当地的文化在传统的群体工作和社区生活中得到了进一步的发展。团队工作以及沟通对于索尼公司招募的新员工而言非常自然。对于虚拟团队的成员,80%的工作效率来源于沟通。而这点,对于"盲人"式沟通更为重要,因为团队成员实际上并不能看见对方。尽管大部分这样的沟通需要专门培训,但招募那些天生就具有良好沟通能力的人还是会对团队有所帮助。

(7)举办培训时需要进行分析。同任何稽查的方式一样,培训可以由人力资源部门的人或合作者、项目经理来举办。分析调查也可以反向进行。

(8)进行技术资源分析。这项工作要依照不同组织的需要进行。清晰地建立和正确评估这项工作的重要性,同高层经理的认可和实施密切相关。正确的方法可使新建立的虚拟团队一开始就从中受益,因为它可以得到适当的设备和资源。当团队开始运行后,再在需求表中添加项目就很困难了。因为高级经理往往将这看作是额外的支出,可能的话,建议让没有利害冲突的专业人员来确定团队建立时所需的技术方面的需求。

(9)预算。当所有的基础工作完成后,就应进行合理的预算以及安排所需的必要的投资。大部分团队都没有建立这项工作。他们的资源使用一般都比较随意,这也就导致了不必要的浪费和支出。而这点是绝对不会被理财者所认同的。如果给财务方面一个专门的指南,他们一般会更倾向于支持团队的需求。

(10)起草清晰准确的培训实施计划(见表8-1)。这在建立虚拟团队时,是顺理成章的一步。由于建立和运行虚拟团队的先例非常少,因此基础性工作和系统性工作越多,就越容易得到高层领导的支持。同时,虚拟团队的概念本身就会让人感觉到缺少自我约束的环境。因此,参与虚拟团队的每个人都应当有能力证明,他们在每件事上都做了很好的组织和合作。

表 8-1　培训实施计划

技　能	所需的能力水平	培训要求
打电话的技巧	高	正规课程
远距离顾客的应对技巧	高	正规课程
聆听技巧	高	正规课程
影响力	高	正规课程
团队技巧	高	正规课程
训练能力	高	正规课程
冲突管理	高	正规课程
管理	高	正规课程
个人电脑应用	高	正规课程
局域网和因特网的使用	高	正规课程及训练
技术问题的解决	一般	内部培训及训练
问题解决及决策制定	高	正规课程及训练
远距离团队技巧	高	正规课程及训练
委托授权技巧	高	正规课程及训练
领导和管理外部资源	一般	正规课程及训练
写作沟通（电子邮件、通知、报告及财务报告）	高	正规课程及训练
基础的自我管理技能高	高	正规课程及训练

【案例 8-1】

　　欧洲最大的化学制品公司于 20 世纪 90 年代中期进行了"分权"。它们的思想是使组织平行化，将控制权由英国东南中心移交到欧洲各分中心。所有这些过程都进行了书面计划。由于总经理和他的团队都不精通计算机，因此公司对信息技术部的控制力度很小。结果，他们无法有效地管理信息技术部门。这使得整个项目的资源都没有到位。由于只有远程的团队成员配备了个人电脑，可以使用电子邮件、因特网。结果，这些人无法同他们的同事、顾客以及供应商相互沟通，导致了许多重要信息传递的停滞。由于没有清楚的战略和合理的计划，每个地区分部都以满足自己的需求来配置资源。不兼容的计算机系统设备更加重了利润的流失和效率的降低。这最终导致了对首席执行官政策的完全推翻，他也被迫交出了对公司总部的控制权。

二、领导、运行虚拟团队

一旦决心建立虚拟团队,那么认清虚拟团队和传统团队的区别非常重要,前者是指同一群相距较远、工作的时间和地点都不相同的人一起工作。表 8-2 可以帮助分清这些区别。

表 8-2　虚拟团队和传统团队区别一览表

传统团队	虚拟团队
相同的时间、地点	不同的时间、地点
在大部分时间都能组成	需要进行重新计划
常规的面对面沟通	零星的面对面沟通
大量的非正式网络	极少的非正式网络
容易监督和获得帮助	不容易监督和获得帮助
完成任务有充足的时间	在严格的工作计划安排下,工作时间短,压力大
和较小的压力	团队成员必须非常注意如何接近别人
团队成员很少能意识到应当如何同对方沟通	他们必须花时间来计划如何进行沟通

三、虚拟团队领导的作用

虚拟团队的领导人员(或项目经理/合作者)的作用,对于团队的成长和成功非常关键。在团队发展的最初阶段,团队领导应当采用几乎完全独裁的方式来领导团队。其原因是为建立自我约束的环境和约束界限。否则,虚拟团队可能不可避免地会失败。随着时间的推移,领导的力度会发生改变。因此,他必须采取减少控制力的方式,而这时领导的作用就发生了转化。有时,对于团队的领导甚至可以来自较远的地方。虚拟团队领导列表包括了关于怎样领导虚拟团队的必要信息。

虚拟团队领导任务清单:

- 领导需审查团队以及团队成员的需要;
- 团队领导需明确团队的优势和弱点;

- 团队领导需要在双方都方便的场所同成员一起召开面对面的团队建设会议；
- 团队领导需要举办讨论会并制订团队大纲；
- 团队领导需要安排培训；
- 团队领导需要同每个成员在可实现目标和可测量任务上达成一致；
- 团队领导要用第二种沟通方式——电子邮件来加强联系；
- 团队领导应计划期中的远程会晤和每 3～6 个月进行一次面对面的交流；
- 团队领导应在公司总部或办公室举行常规的、由所有成员参加的面对面的联欢。

虚拟团队领导岗位职责：

1. 团队领导应会见团队的每一位成员

一旦虚拟团队被选定，团队成员到位，领导就应当会见每个成员。会见应当选择在对双方都便利的地点。有时，对于团队领导而言，到员工的各个岗位会更容易些，这样可以避免较远地点的员工离开自己的岗位。会见的目的是更好地理解员工的需求。这样的会见也给团队领导提供机会，从而掌握有关团队目标的必要信息。

2. 团队领导审查团队以及成员的需要

在同每一位成员的接触中，团队领导同时能够初步确定团队的需求。通过对各个岗位的走访，他/她可以有一个从高层次看到的目前团队的状况。这就为团队的发展提供了非常有价值的信息和行动的基准。

3. 确定团队的强项和弱点

在这些非正式的会晤过程中，团队领导应当扮演一个内部咨询顾问的角色。他/她应采用模型方法，如威胁-机会（SWOT）矩阵分析法，来评价团队。这些记录可用于团队及个人的发展。

4. 在双方都便利的地方举行面对面的团队建立大会

在虚拟团队建立过程中，这是一个非常重要的部分。由于团队成员工作位置相距较远，他们必须抓住任何一个可以面对面进行交流的机会，来增进相互之间的信任和忠实度。这种团队建立大会的举办技巧和创造性必须与拥有共同的目标相融合。应当鼓励团队成员同他人进行沟通，至少花 10 分钟的时间。这种一对一的交流应当被正式规定下来，这样每个人都能以同样的方式来进行有关工作的信息交流。

这种会议的气氛应当非常友好，不会对任何个性敏感的人产生打击。团队领导应当避免采用紧张激烈的行为方式，以免造成高人一等的感觉。

团队建立大会同时也可以帮助消除相距较远的成员之间的交流上的障碍。有句古话说："你绝不会有第二次机会来创造第一次给人产生的印象。"这对于远程作业非常贴切。在普通的团队中,人们进行面对面的工作,消除相互之间的交流障碍就已经非常困难;而虚拟团队要做到这一点就更加困难了。虚拟团队中的成员更容易对那些使他们感到不适的人产生反感。尤其当这些人来自不同的领域,具有同自己不同的工作功能,甚至是不同的民族。在国际化的公司中,团队领导必须能消除这种文化上的差异。

【案例 8-2】

　　美国东海岸一家多国投资的化学制品公司,最近同德国成立了合资公司。约四五个在德国和宾夕法尼亚的小组将在一个具有交叉功能的虚拟团队中开展工作。美国人对于如何同德国人一起工作一无所知,而德国人却在如何同美国人一起工作上经验丰富。负责建立团队的美国方面的项目经理召开了一次有关文化冲突方面的专家咨询会。这次会议非常有价值,因为大部分美国人没有见过德国人如何领导公司。这对于了解德国团队的管理方式和管理风格尤为重要。会议加深了双方的相互谅解,增进了彼此的好感。

　　5. 举办讨论会和制定团队制度

　　如前所述,团队的成立大会为领导向团队展示自我提供了机会。此外,领导应利用这一机会同团队成员进行沟通,告诉他们有关组织的最新消息和团队近期的目标任务。有时,也可以通过电视会议做到这一点。当团队成员分布在全球各地时,这种方式尤为奏效。

　　6. 安排培训

　　团队领导一个关键的作用就是确认并安排培训。这可能包括团队方面的训练——引导成员的团队意识和加强一些特殊的团队技能,包括进行一些团队游戏,来说明虚拟团队中良好沟通的重要性。尤其重要的培训是,强调在成员无法见面的情况下,如何加强沟通和建立人际关系。这在团队成员中非常重要,它会影响团队中的各种关系,因为在这里人们维系关系的工具是电话或因特网。有时,团队中甚至有学习电视会议技能的要求。这是一种新的低成本的技术手段。大部分新的个人电脑都配备了微型照相机和麦克风。同时,新的软件可以使电视会议在办公桌上进行。听起来很让人兴奋,但设备的使用需要一定程度的培训和练习。

　　7. 领导同员工在工作目标和任务上达成一致

　　虚拟团队的一个最主要的敌人就是在团队中蔓延的个人主义。由于团队成员常常由自己来处理问题,这就造成了他们经常选择的是自己喜欢而并非对于团队重要或必要的事。考虑到这一点,团队领导能确定一个由具体任务组成的清晰的目标就显得非常重要。这些目标越是可以量化就越好。同时,应给予成员对此发表自己观点的机会,讲出他们认为存在的问题。团队应当让员工将注意力集中于创造性工作,这会鼓励他们在工作中进行革新和创造。

8. 领导应用第二种沟通方法——电子邮件来加强联系

由于远距离工作容易被干扰,这就需要不断加强信息的沟通。通过电子邮件、声音邮件和传真可达到这一目的。现代通信技术可以保证信息不会被忽略。许多桌面和个人电脑都有一种装备,将电子邮件的信息呈现在桌面上,直到信息被确认或处理。红外掌上电脑技术的使用,使团队成员无需用键盘,就能更容易地相互传递信息。每件事情都在趋于快捷化、简单化。

远程培训的概念可以添加到培训过程中。这里,团队领导进行的是常规的信息交换。成员被给予机会同领导或其他同事共同分析他们遇到的问题。这就为问题的解决提供了方法,同时也营造了一种相互信任的氛围。

9. 计划临时的远程会晤和3～6个月一次的面对面的会见

这一过程是领导确保团队坚持其目标的重要组成部分。这也提供了机会让团队来检查其所取得的进步。见面会晤之前,应当很好地对其进行宣传,这样就能使所有的参与者提前有准备,并且在他们的日志上做好标记。现在,可以通过电子日志做这项工作。虚拟团队的成员依靠电子网络相互联系,团队领导可以从这些数据中选择最佳的时间。有关团队的信息应当定期公布。对工作进程中发生的问题及时检查讨论,并着手重新设计工作模式,这种持续改进的习惯将有助于整个团队保持高效的文化。一些公司建立了奖励计划并将其公布于内部网上——这里,团队领导就可以获取团队取得进步的有关信息。这一点对于保持团队的精力集中起着关键的作用。由于整个团队不能做到面对面的交流,团队领导就必须同来自各个组的成员进行会见沟通。由于不可能同每个人或来自每个部分的人员见面,所以这些会见就只能安排为远程方式——最好是运用技术手段,比如电视会议的方式。这样就能包含更多的视觉数据,包括图、柱形图甚至是实物——看到办公室或厂房,可以给远方的团队成员一个三维的新工作地点的布局。

10. 安排经常性的面对面的团队联谊会

大部分虚拟团队在运行中都会遇到问题。解决这些问题的关键就是同全体人员在一起面对面地进行反思,并对问题进行估计。在世界上,不管商业的发展情况变得如何错综复杂,80%的员工认为,面对面的沟通是最好的问题解决方式。积极主动和焕发的热情是重新召开团队会议后的直接成果。经常性地召开团队会议,不仅仅是一个建议,它可能成为团队生存的一个非常重要的部分。另外一个影响团队稳定的力量就是变革。随着新千年的来临,组织正经历着更加根本性的变化。近期的大规模的兼并和收购对团队产生了巨大的影响,当团队刚刚将自身同组织融合在一起,组织发生的变化就又可能将其分开,迫使团队成员继续流动或到组织的其他地方工作。这点对于虚拟团队而言非常司空见惯,因为虚拟团队的本质特点就是容易受到冲击。他们的结构和稳定性非常脆弱。因此,对它的任何变革和重新调整,只能很小心地进行,并尽可能同团队股东进行面对面的接触。

第九章　公共事务团队

对于在组建团队的过程中应该注意的问题,我们已经有了足够多的了解,现在到了把这些知识传播出去的时候了。

在传播知识的过程中,我们遇到了很多在公共管理领域工作的人,他们对这一理论很感兴趣。这真让我们有点进退两难。我们的理论大部分都来自于试验。公司最终竞争的结果要看它们的财务业绩。一方面,这种理论看起来更适用于那些私营企业,而不能应用于不以营利为目的的企业。但另一方面又有人认为,财务业绩只不过是评估团队效率的一种简便方法而已。这些团队的成败最终还是要依赖于某些基本的原则。那么从它们身上得到的经验教训能否被应用于公共管理领域呢?如果真的被应用,就要审视一下计划与决策过程中的关键领域;保证拥有关键技术的人进入规模合适的团队,充分发挥他们的能力;培训挑选者,好让他们组建角色平衡的团队(当然其他平衡也要考虑)。如果这些工作都能严格完成,那么中央和地方政府就有可能变得更有效率。

一、政府中的结构与权力

如果政府的管理结构相当清晰,责任制度也很明了,那么上面的做法在原则上来说就很容易。但可惜政府并不是这个样子。与实业界相比,民主社会中的公共事务不仅环节复杂,而且人们处理它们的方式也无定式可言。旁观者经常搞不懂是谁在做关键的决定。

已故的安奈林·贝文(Aneudn Bevan)在回忆他的政治生涯时,把自己的生活比作追寻权力真正所在的一段旅程。最后他说自己还是没有找到它。我们曾经受公共服务委员会的邀请参加在澳大利亚堪培拉市举行的一个有关管理团队的研讨会。在这一期间，我们也认识到了权力与责任的本质及其所在真是令人难以捉摸。

堪培拉是世界上少有的几个有目的兴建的首都之一。它原来只是一个乡村小镇，现在则是一座与澳洲大陆面积相称的、拥有20万人口的大城市。对于澳大利亚在处理其他发达国家同样存在的问题时所采取的公共政策和策略，我们一直是心存好奇。现在到了政治中心，我们的好奇心应该能得到满足。可是没想到的是，除了一名总理办公室的工作人员带着我们参观了一下堪培拉，介绍了很多将要与我们合作的人同我们认识外，没有人对我们感兴趣的问题做出回答。对于我们的好奇，甚至有人建议我们去刚离开的州首府去找答案。我们的澳大利亚同事对这一点却感觉不到丝毫的惊奇。政府给人的印象就是从一个中心向外散发着权力，可是当你离这个中心越近，它就会变得越没有固定的形状。要想弄清楚这座首都存在的真正意义，与其走近它还不如从远处来研究它。

有些人可能认为权力不集中于一地是一件好事。但如果在中央权力削弱的同时不伴以权力的下放，就会出现管理真空现象。急需处理的事情不在任何团体或个人的职权范围之内，当有人来处理它们时，也经常是几个部门互相扯皮，根本没有效率可言。

规模过大会带来一些问题，大多数大公司对此都有体会。但政府不仅规模大，而且还很复杂。它所依赖的伙伴关系极不稳定，原因是一部分工作人员是经过选举产生的，而另一部分则是终身受雇于政府的。人们传统的印象是，政治家们是选民进行民主选举的对象，他们中间的成功人士会得到大家的认可，进而入主政府；而公务员才是将政策化为实际行动的中坚力量。那么到底谁是理想的决策团队的最佳人选呢？

二、政治家与团队

从宪法角度来讲，如果政治家们按照公众赋予他们的权力办事，那么最佳人选非他们莫属。从这个前提出发，让我们来考虑一下如何在公共事务领域组建符合我们理论基本要求的成功团队，即做决策的管理团队的规模要理想，团队成员的团队角色要互为补充。

我们不可避免地要遇上一些麻烦。政治活动要受很多成规的限制。首先，我们对于团队的规模基本上就是无能为力。整个政治制度就建立在一个选举者与被选举者之间固定的比率之上。选民的范围是固定的，因此议员的数目基本上也是固定的。国会、议会、参议院或世界上其他国家的相应组织都由好几百名代表组成。在英国有超过 600 名的国会议员。这个数目可比制定策略的理想团队的规模大了 100 多倍。

(一)会议

政策是由国会颁布的，但实际上它的发源地还是政党的会议。我们又碰到了常见的问题使得我们的要求不能得到满足。会议经常是规模过大，而且只是泛泛地讨论一些老掉牙的问题——可能这种会议也只能如此。偶尔有一次想要在这种会议上讨论一下具体的项目，那些最终要负政治责任的人就会出来阻挠。大会就不是讨论困难问题的地方。先把规模问题放在一边不说，这种会议的气氛就不适宜平心静气地分析问题和权衡利弊以后再做决策。

(二)委员会

很多重大的决策是由委员会做出的。这种委员会部分地克服了大会议的"噪音"问题，但在一定程度上它仍旧是整个体制的一个缩影。它在观点和行动的一致性方面可能会好一些，但也绝不是没有问题。由于它的规模较小，成员之间可以更方便地交换意见，但大家的行动还是不能协调一致，因为政治团体或委员会的成员都有自己的独立性，他们参加会议不是为了促成一件事，而是为了表达自己所属团体对某件事情的看法。这种对特殊利益的追求是与团队的要求不符的。团队与团体的不同就在于，团队要求其成员对自己的行为做出调整，只扮演几个有限角色中的一个，然后大家组合在一起成为一个高效的工作单位。团队成员的确定是需要有人负责的。而有多少政治团体或委员会拥有确定需要什么样的成员以及他们应该扮演什么角色的挑选者呢？

让我们先不考虑政治家入主政府以前的政策制定情况，而是考虑一下他们入主时的情况。我们要问的问题是：他们能够扮演什么样的团队角色呢？

我们手头缺乏直接的证据，但还是有一些线索可以间接地解决这一问题。只要考虑一下政治家是如何选举出来的，我们就能知道他们会有什么样的素质。

(三)可能的角色

政治家之所以能够成为政治舞台的中心，是因为他们能给人一种使命感，能激起人们对自己珍视的事情的热情。他们能将人们的希望变成现实，能够体会公众的心情并做出反应，还能说服别人完成任务。这些显然都符合"塑造者"和"资源调研员"的标准。这种人很有可能性格十分内向，而且总也闲不下来。他们能够很好地处理紧急情况，但往往不从长远角度来考虑问题。哈罗德·威尔逊爵士用精练的语言概括了政治家生活世界的时间尺度："在政界，一星期可是相当长的一段时间了。"

政治家自身的素质，他们必须要承受的压力和每天生活于其中的环境，都使他们不适于做我们头脑中所想象的那种小型、高效的决策团队的成员。他们更容易扮演的角色是政治进程的卫士。

三、团队中的公务员

如果政治家的情况是这样，那么让我们再看一下他们在政府中的合作伙伴的情况。通过这么多年来对在亨利参加学习的公务员的测试，我们得出了两个基本的结论：首先，他们和产业界里的全局计划者十分相似，但性格比其他类型的经理更为内向；其次，他们当中有很多人的智力测试分数都很高。这一情况是与他们必须通过严格的考试才能成为公务员这一事实相符的。

以上这两点使他们很适于扮演那两个"聪明"的团队角色："楔子"和"监听评价者"。这两个角色的遭遇很有代表性，他们都不适于在政治舞台上表演。有创造力的"楔子"容易与大家的一致意见发生冲突，而正是默契才能将整个政党团结在一起。在公共服务领域，人们又可以把他藏起来，不让别人知道他的存在。对于典型的"监听评价者"，他的政治前途一点也不乐观，因为枯燥乏味、平心静气、慢条斯理的人是做不了政治家的。公务员之中也有"公司工人"和"团队工人"，比如那些做管理工作的公务员，但"塑造者"和"资源调研员"就不多。

在升职的时候，一个人是否有能力在决定部门事务的团队中发挥积极的作用，也在考虑的因素之列。一旦公务员得到升职，他们就能不受外部限制来控制自己所在团队的规模。总之，公务员在组建高效决策团队方面是有优势的。

这样一来产生的悖论就是，政治家和高级公务员更适合的工作往往是对方应尽职责的关键部分。高级公务员有时间、愿望和能力来制定新的政策；而政治家则有魄力、精力和说服别人的技巧来把政策化为大家可以接受的行动。

四、角色互换

有很多政治家在当选以后乐于和别人交换一下角色。由于他们要应付各种各样的事情，工作特别忙，所以很愿意让别人帮他们做决策，而同时在外人看来权力仍然掌握在他们手中。

剑桥是一个重要的会议中心，很多政府部长都曾经在剑桥的会议上做过广为人们传诵的政治演说。一个反复出现的现象是，政府部长很少自己动笔为自己写演讲稿，除非他所面对的听众是自己的政治支持者。有一次三个面无表情的人陪着一名部长来开会，从表面上看，这三个人在会议中没有任何任务。这时突然有人问了这三个人一个大胆的问题："你们三人之中是谁写的演讲稿？"其中一个人举起了手，微笑着反问了一句："你喜欢它吗？"后来我们得知，这位写稿子的人是这四人当中职位最低的，而另外两位，一位是他的直接领导，一位则是部长的私人助理。

有一些部长从来就没见过给自己写稿子的人。这些影子作者显然不如部长身边的人身份显赫，但实际上他的权力和影响力也相当大。一个对战后一项十分重要的工业立法十分了解的人，讲述了一个新政策如何得见天日的故事。

一天，有人找到一名年轻的牛津毕业生，让他为一位将在工业会议上发言的部长写一份演讲稿。这位满脑子充满想象力的年轻人，在没有同自己的上司商量的前提下，天真地在稿子中加入了几点自己的看法。在老板休假的日子里，他又用优美的语言对这几个观点进行了详细的论述。稿子打印出来以后准时出现在部长的办公桌上。当这位影子作者的上司知道他做得多么出格以后，就想把稿子要回来修改一下。"不，我很喜欢它。"部长告诉他。最后部长一字未改地进行了演讲。《时代周刊》引用了这些重要的观点。后来虽然部长换了人选，但这篇演讲稿提到的问题已经上了这个部门的工作日程，最后演变成了一项法律。

由政府官员制定的政策有其天然的优势，部长们会在审察以后做出相应的反应，或接受或修改或拒绝。如果能够找到政府的"左膀右臂"最适合扮演的角色，那就有可能在这两个部门之间建立起一种高效的工作关系。牛津毕业生的故事并不是政府部门之中的典型事件。这个故事代表了现有制度下的一种越轨现象。政府可不应该是这样工作的。

五、政府中的不平衡

对政府事务采取团队角色策略，就要将公务员和政治家都包括进来，让他们一起想办法，对这些办法进行评估，最后做出决策。对选举产生的代表来说，这第三步十分特殊，只有在前两步已经先期独立完成以后，才能做出明智的决策。根据宪法，正统的做法应该是由政治家完全控制政府。但这样的制度很容易出现不平衡，原因是它缺乏必要的监督机制。特别在计划完全由政治家来制定，而没有公务员组成的团队评估一下它的可行性时，这种不平衡就更容易产生。

彼特·霍尔（Peter Hall）曾出版了《计划大灾难》这本书。书中的例子分别来自美国、英国和澳大利亚。它们反映了政治家在单独工作时，其勇猛会造成多么严重的后果。其中一个例子就是英法的协和计划。虽然单从成本增加的速度来讲它根本就比不上悉尼歌剧院，但霍尔还是把它称为"可能是历史上最昂贵的商业错误"。最初协和只是一个委员会提交的一份关于超音速运输工具的报告。这个委员会完全由与航空业有利益关系的人员组成。这份报告根本就算不上一项计划，也没有被公开过。然而负责的部长还是采取了大胆的行动。为了打消下院预算委员会的敌意，他干脆和盘托出：

"我很清楚，如果自己以部长的身份去财政部肯定要不来钱。所以在1959年6月我去了法国。我利用当时在巴黎举行的航空展这一机会，向法国的官员提议，他们应当与英国合作开发协和式飞机。我就是这样开始的。现在回想起来，我必须承认自己和自己的部门对于这一行业根本就不了解，而且我们也没有对潜在市场的规模进行估计。"

那为什么协和计划还能保留下来呢？因为要让英国病入膏肓的航空制造业有活可干；因为航空工业工人选票的重要性（政府换届后新的部长仍是协和选区选民在国会的代表）；因为在协和的弊病显露出来以后，为了平息查理·戴高乐（Charles de Gaulle）反对英国加入欧洲共同市场，所以只好让协和继续存在下去。

很多完全从政治角度考虑而提出的计划往往都有一个不好的结局。如果这些计划的结果恰与当初设想的目标相反，那也没什么不正常的。比如保护承租人或土著工业的一些措施，往往使他们遭受更大的痛苦。这并不是说政治家们都是心口不一的骗子，而是因为政界的对立使得预测某一措施将对整个体制产生何种影响变得异常困难。任何行动的影响都有可能被反方的行动抵消掉。如果在解决问题时办法过于简单，虽然从选举角度来看很吸引人，但往往容易在现实中撞得头破血流。但政府中真正的危机并不是来源于各方的敌对，而是来源于遇到挫折以后大家的行为。政治家的本性决定了他不可能有后备的项目，因为公开宣布改变路线就有可能失去支持者的宠爱进而下野。因此，现实中经常发生的情况是，一个政党在一段时间内完全独断专行，然后突然制定的政策出了问题。这时权力就慢慢都落到了那些终身受雇于政府的官员手中。这些人对事态的发展更为熟悉，同时因为他们的任职的长期性，他们就更容易想出解救的办法。但这绝不是政府应该采取的运作方法，从效率角度来讲这种做法也没什么可取之处。

就政治家难于组成高效的管理团队这一问题，我们在前面已经有所论述。不过也有例外的情况，那就是当大家一致拥护某一选举产生的核心人物时，高效的团队就能形成。

六、团队角色之间的交流

因此为了更好地管理公共事务，我们的建议就是在政府内部进行角色关系的转换。为了实现这一目的，政治家们主要关心的应该是最终的决策，对各部委的监督以及增进与公众之间的交流。要这么做，他们必须从制订详细计划的繁重任务中解脱出来。这种复杂而又缓慢的工作最好交给下面这些团队来做：他们要能够控制自己团队的规模，注重个人在以前工作中的表现，考虑团队角色的平衡并能保证成员拥有他们所扮演的角色所应具备的素质。换句话讲，政府的永久性雇员比那些选举产生的代表更适合做这些工作。如果真是这样，那选举产生的代表和政府官员之间的相对责任就应该进行重新调整。每一类人都应该做自己最适合做的工作。

因此，我们得出如下的结论：如果民主的目的是让最多的人参与到决策的过程中去，那它在运作的过程中就会遇到困难。同样权力如果都集中在那些选举产生的代表手里，而人们又期待着他们对政府完全负责，那也会产生问题。在现实中，政府依靠的是选举产生的代表和公务员。只有在这两类人之间建立起一种互相负责的机制，民主政府才能充分地发挥效率。

从自身权力的角度看，公务员并不是制订计划的人，因为人们认为他们的首要任务是执行已经制订出来的计划。但实业界的经验教训我们，新计划在制订的时候如果没有将来执行它的人参与，很少能够获得成功。这种参与最好是公开的，而不是偷偷摸摸的。如果是公开的,政府中的政治家就要让这些参与的人集中精力对官员进行管理。政治家负责做决策,而公务员则负责制定政策和计划。

如何使政府变得更好,从本质上说也就是如何使不同身份、不同性质的人能在一个框架内工作。而在这个框架内,问题就变成了如何组建团队以使每支团队的效率都更高。任何社会,只要有了这种制度,只要学会了组建正确的团队,向团队提出正确的问题并充分利用团队给出的答案,就一定会变得更加美好。

第十章　团队测评

一、团队建设的需要度诊断

很多经验证明团队工作对组织的绩效有促进作用。经理们必须决定在什么时候，什么情况下需要组织团队。下面的量表可以帮助你估计出你的组织中是否需要组织团队，以及在多大程度上需要组织团队。

首先在头脑中形成一幅你参加的组织或者你将要参加的形象，这会有助于你完成量表，正确地估计组织对团队的需要程度。在完成这些问题时最好在头脑中继续保持组织的形象。

针对每个问题，从 1～5 的数字描述适合组织的程度，1 表示有一点相似，5 表示很相似。

(1)产出下降，或者比预想的低。

(2)出现抱怨、委屈的现象，或者原有的抱怨和委屈正在增强，并且士气较低。

(3)出现成员间的矛盾和敌意，或者这种矛盾和敌意逐渐增长。

(4)一些成员对分配的任务很迷惑，不知道做什么，或者对于和其他成员的关系不是很清楚。

(5)缺少明确的目标，或者缺少对目标的认同。

(6)成员间有明显的冷漠倾向，彼此缺少兴趣和投入。

(7)试图冒险和挑战性的建议往往不被重视。

(8)会议没有效率。

(9)不同组织层次和单位之间的工作关系令人不满意。

(10)各种职能间缺少协调。

(11)交流减少,人们不愿意彼此说话,信息不再共享。

(12)成员间以及成员和上一级领导之间缺少信任。

(13)在一些成员没有弄明白,或者不同意的情况下就做了决定。

(14)人们感觉到好好工作也得不到奖励,或者奖励不公平。

(15)不再鼓励组织成员为了组织利益而一起工作。

(16)客户和供应商不再是组织做出决定时的考虑因素。

(17)组织中各成员的工作没有效率,在工作进行中有很多的怠工现象。

(18)面临增加一个或者多个员工的问题和挑战。

(19)为了完成工作人们必须调整他们的活动。

(20)面临困难挑战,而这个困难却没有任何一个人可以解决,或者诊断出问题所在。

二、你是否拥有在团队工作的心智

诊断了组织是否适合组建团队,那么对于个人来说,是否适合在团队中工作,对于有很多人一起工作的团队,这种工作形式的态度如何? 下面的量表可以了解你对团队的态度。

请在下面的量表中选出适合你态度的选项。1表示非常同意,7表示非常不同意。中间的数字(从2～6)同样代表着你的态度倾向,越靠近1表示你越同意项目的提法,越靠近7表示你越不同意项目的提法。

(1)只有那些依靠自己的人,才可以走在生活的前列。　　　　7 6 5 4 3 2 1

(2)要想成为一个出色的人,他必须保持独立做事情。　　　　7 6 5 4 3 2 1

(3)如果你想正确地做某件事情,你必须自己做。　　　　　　7 6 5 4 3 2 1

(4)我对发生在我身上的事情负责。　　　　　　　　　　　　7 6 5 4 3 2 1

(5)从长远的角度考虑,你能依靠的只有自己。　　　　　　　7 6 5 4 3 2 1

(6)赢就是一切。　　　　　　　　　　　　　　　　　　　　7 6 5 4 3 2 1

(7)我感到无论是在工作中还是游戏中,赢都很重要。　　　　7 6 5 4 3 2 1

(8)成功是生活中最重要的事情。　　　　　　　　　　　　　7 6 5 4 3 2 1

(9)如果其他人完成任务比我好,我就很难受。 7 6 5 4 3 2 1

(10)尽你所能还不够,重要的是要赢。 7 6 5 4 3 2 1

(11)相对于独自工作来说,我喜欢和其他人一起工作。 1 2 3 4 5 6 7

(12)如果给我选择,我愿意选择一个人工作,而不愿和其他人一起工作。

7 6 5 4 3 2 1

(13)和一个群体一起工作要好于一个人单独工作。 1 2 3 4 5 6 7

(14)如果一个人将要成为某个群体的一部分,那么他应该清楚他要做一些他不愿意做的事情。 1 2 3 4 5 6 7

(15)属于某个群体的人应该意识到他们有的时候为了群体要做出牺牲。

1 2 3 4 5 6 7

(16)在群体中的个人应该明白他们并不是总是能得到个人想要的。

1 2 3 4 5 6 7

(17)群体中的成员应该愿意为了群体的利益而做出牺牲。 1 2 3 4 5 6 7

(18)当群体成员做他们自己想做的,而不是做群体。 1 2 3 4 5 6 7

(19)当群体成员做他们认为是最好的事情,而不是群体想让他们做的事情时,群体将会是最有效的。 7 6 5 4 3 2 1

(20)当群体成员按照自己的兴趣和关心的事情做事情时,群体的生产力是最高的。

7 6 5 4 3 2 1

把你所有选择的答案的分值相加,计算你的总得分。

你的分数会在 20～140 分。你的分数越高,你的集体主义倾向越明显,所以你得分越高,说明你越适宜成为团队中的一员。为了比较的方便,我们给出了一个标准,492 名参加工业管理课的美国大学的研究生的平均成绩是 89 分。我们可以推测,低于 69 分意味着有很强的个人倾向,即你更愿意独立地去完成工作。如果你的分数超过 109,则意味着你有很高的团队倾向,更愿意和其他人合作完成任务。

三、适合的团队角色诊断

大多数的公司对组建有创造力的团队都很有兴趣,他们喜欢用的一种方法是找一支已经有的团队,然后用各种手段使它更有创造力。那么如何组建一支高效的、有创造力的团队呢？方法之一就是团队角色的方法。

团队角色指的是，团队成员为了推动整个团队的发展而与其他成员交往时表现出来的行为方式。梅雷迪斯·贝尔宾（R. Meredith Belbin）发现了八类能对团队做出积极贡献的角色：董事长、塑造者、资源调研员、楔子、团队工人、公司工人、监听评价者和完成者。每一个角色的性格特征都很独特。"团队工人"喜欢根据别人的建议去处理事情，能够弥补别人建议或者提议的不足，能够促进成员之间的交流，培养团队精神。"资源调研员"善于对团队外部的观点、资源和变化进行调查研究，然后进行汇报，建立对团队有益的外部联系，进行相关的谈判。"塑造者"能够塑造团队工作的方式，使大家注意团队的目标和首要任务，总想使团队讨论和团队行为的结果有一定的模式和形状。"楔子"特别关注重大的问题，喜欢想一些新的主意和新策略，总是在为团队寻找解决问题的突破性的方法。"监听评价者"善于分析问题，评价各种想法和建议，能保证团队做出合理的决策。"董事长"不是我们传统意义上的董事会中的董事长，是作为团队角色的"董事长"，能通过充分利用团队资源来实现团队的目标，知道团队的长处和弱点；能保证每一名团队的成员的潜力能得到充分的发挥。"公司工人"能将头脑中的一些想法和计划变成实际的行动，能够高效、系统地执行大家一致同意的计划。"完成者"能保证团队不会轻易犯疏忽性错误，总是在内部寻找那些需要特别细心的工作；能使团队始终保持一种紧迫感。

下面的量表可以帮助你确定自己最适合扮演的团队角色。

每题 10 分。这 10 分要平均分配给你认为自己符合的情况的选项。在极端的情况下，你可以把 10 分平均分配给所有的选项，也可以全部给一项。然后把分数填入评分表 10-1 中。

(1)我认为自己可以为团队做出如下贡献：

a. 在新机遇出现时，我能够马上就意识到这一点，并能够利用这个机遇；

b. 我能够与多种类型的人愉快合作；

c. 想主意是我的本能之一；

d. 我的能力在于能够找出那些对团队有价值的人；

e. 我能够将事情进行到底，这和我个人办事的效率很有关系；

f. 如果结果值得我这么做，暂时不受欢迎我也不在乎；

g. 对于熟悉的情况，我能很快知道什么办法会起作用；

h. 我能给出改变行动的合理理由。

（2）如果我在团队工作中有一个弱点，那它可能是：

a.除非会议的结构合理、进程控制得好，而且总的来说进行得十分顺利，否则我会感到不舒服；

b.我往往会给那些观点合理但是没有合适发言机会的人过多的时间；

c.一旦团队开始讨论新的想法，我就会讲很多话；

d.我客观的性格使我不能尽情地加入到同事中去；

e.有时为完成某事，我会很专断；

f.我发现在前面领导团队很困难，或许是因为我太容易受团队气氛的影响；

g.我容易被头脑中突然出现的想法迷住而不能跟上事情的发展；

h.我的同事认为我总是对细节杞人忧天，总担心事情会出错。

（3）当和其他人一起进行一个项目时：

a.我有能力在不给人压力的情况下对他们产生影响；

b.我的警惕性使我不容易因不小心而犯错误或是丢东西；

c.为了保证大家在开会时不浪费时间，也不至于忘了开会的主要目的，我随时准备催促大家采取行动；

d.人们总能指望我贡献一些新颖的东西；

e.为了大家的利益，我总是愿意支持好的建议；

f.我热衷于寻求新的想法和事情的最新进展；

g.我相信别人很欣赏我在做出判断的时候仍然能保持头脑的冷静；

h.人们能够依赖我来保证所有关键的工作都有人组织。

（4）我对团队工作的典型态度是：

a.愿意默默地增进对同事的了解；

b.会毫不迟疑地对别人的观点提出挑战，在自己的观点没有多少人支持的情况下也不会退缩；

c.我总是有理由反驳那些毫无根据的提议；

d.在实施计划时，我觉得自己有能力；

e.我自己的性格就是不落俗套，出人意料；

f.凡是我参加的团队工作都有一点追求完美的味道；

g.我乐于利用团队之外的关系网；

h.虽然我对各种观点都感兴趣，但是如果必须要做出决定，我会立刻拿定主意。

（5）我从工作中能得到满足是因为：

a.我喜欢分析情况，权衡所有可能的选择；

b.我感兴趣的是找到切合实际的办法来解决问题；

c.我喜欢自己正在培养良好的工作关系的这种感觉；

d.我对最后的决策有很强的影响力；

e.我能遇到有一些新东西的人；

f.我能让人一起采取必要的行动；

g.我很喜欢全神贯注于一项工作；

h.我喜欢能够锻炼我的创造力的工作。

（6）如果突然有人让我在有限的时间内和陌生人一起完成一项困难的工作：

a.在采取行动之前，我会找一个僻静的角落设计一种走出困境的办法；

b.我愿意和态度最积极的人一起工作，即使他这个人很不随和；

c.我会找一些降低工作量的办法，比如在工作之前先确定每个人最适合做的工作；

d.我天生的紧迫感保证我们不会落后于计划；

e.我相信自己能够保持头脑的清醒并有逻辑地进行思考；

f.尽管有压力，我也不会让自己的目标变来变去；

g.如果我觉得团队没有任何进步，我随时准备做团队领导；

h.我会与他们展开讨论，因为这样可以产生新的想法。

（7）对于在团队工作中容易遇到的问题而言：

a.对那些阻碍事情进展的人，我很容易表现出不耐烦的情绪；

b.其他人可能批评我过于喜欢分析而洞察力不够；

c.我总是希望工作能够尽量完成好，所以有时就会延迟工作进程；

d.我很容易对事情感到厌烦，因此要靠一两个成员来激励我；

e.如果目标不明确，我很难开始做事；

f.有时我解释不清自己突然想起的复杂的事情；

g.对于自己做不到的事情，我很注重让别人去做；

h.当遇到特别强硬的反对意见时，我对于是否要把自己的想法讲出来往往会犹豫不决。确定每个人最适合做的工作。

表 10-1　评分表

题目 ＼ 选项	A	B	C	D	E	F	G	H
1								
2								
3								
4								
5								
6								
7								

为了解释上面的量表分数表,解释适合的角色,可参照表 10-2 来找出自己适合的角色。

表 10-2　量表分析

题目 ＼ 选项	公司工人	董事长	塑造者	楔子	资源调研员	监听评价者	团队工人	完成者
1	G	D	F	C	A	H	B	F
2	A	B	E	G	C	D	F	H
3	H	A	C	D	F	G	E	B
4	D	H	B	E	G	C	A	F
5	B	F	D	H	E	A	C	G
6	F	C	G	A	H	E	B	D
7	E	G	A	F	D	B	H	C

得分最高的角色是测试者在管理团队或项目团队中最适合扮演的团队角色。接下来的高分所指示的项目是他的备份角色,在团队不需要他的主要角色时,他可以扮演这些角色。最低的两个分数指出了他可能存在的弱点,但我们建议管理人员不要试图在这些方面改变自己,而是应该找一个能在这些方面弥补自己缺点的同事。团队中七种角色的特点见表 10-3。

管理大师韦尔奇曾提到典型团队——运动团队,有三个特征:其一,团队最基本的成分——团队成员,是经过选拔组合的,是特意配备好的;其二,团队的每一个成员都干着与别的成员不同的事情;其三,团队管理是要区别对待每一个成员,通过精心设计和相应的培训使每一个成员的个性特长能够不断地得到发展并发挥出来。这才是名副其实的团队。

表 10-3　团队七种角色的典型特征、优点和可接受的缺点

	典型特征	优　点	可接受的缺点
公司工人	保守,有责任感,墨守成规	组织能力强,注重实际,努力工作,严于律己	不会变通,不响应未经检验的主意
董事长	镇静,自信,有自制力	能够不带任何偏见,只以个人的能力为标准来对待每一名成员,有很强的目标意识	智力和创造力一般
塑造者	极易激动,乐于助人,精力充沛	有干劲,乐于挑战惰性、效率低下、自负和自欺的行为	易于挑起事端,不耐心
楔子	个人主义意识强烈,性格严肃,不保守	可称为天才,想象力丰富,智力超群,知识渊博	不切合实际,不顾细节和礼节
资源调研员	外向,热情,好奇,好交际	能联络人,喜欢探索新事物,能够应付挑战	最初的新鲜过后,容易对工作失去兴趣
监听评价者	冷静,不易激动,慎重	有判断力,谨慎,头脑清醒	缺乏灵感,没办法激励他人
团队工人	喜欢交际,性情温和,敏感	能对人和情况做出恰当的反应,能提高团队的士气	在危急时刻优柔寡断

　　八类团队成员可以两个两个地分成四组:他们是谈判者(资源调研员和团队工人),经理工人(公司工人和完成者),知识分子(监听评价者和楔子),团队领袖(董事长和塑造者)。这四组管理人员就是整个管理界的基石,无论是什么样的管理团队都是由他们经过各种组合以后形成的。资源调研员是富有创造力的谈判者,团队工人是团队内部的润滑剂,公司工人是高效的组织者,完成者是准时完成任务的保证者,监听评价者是分析问题的专家,楔子是独创性的源泉,董事长是团队的控制者,而塑造者是苛刻的工头,他会在团队需要严格的控制时发挥作用。如果一支团队内部能够拥有这些类型的成员,那它就是成功的。

四、团队发展行为

　　这个工具专门用来诊断你在建设有效团队时的能力水平,以便你可以有所选择地学习你所需要的或欠缺的技能。第一步:请填写下边的问卷,你的答案应该反映出你的态度和行为(或他们现在的样子),而不是你希望的你的态度或者是你希望的他们的样

子。请诚实地做答!

请用下面的评价量表描绘你的态度或行为(或别人的行为):

(1)非常不同意

(2)不同意

(3)有些不同意

(4)有些同意

(5)同意

(6)非常同意

当我在团队中处于领导位置时:

(1)我知道如何在团队成员中建立信任和影响。

(2)我的行为和我固有的价值观是一致的,我表现出了高度的正直和诚实。

(3)我对于我想实现的目标是清楚和坚定的。

(4)我通过乐观的态度和称赞其他团队成员创造积极的能量。

(5)为谋求团队任务的进展,我会在团队内形成一致意见。

(6)我通过鼓励和指导,促使团队成员进步和改善工作。

(7)我和团队成员之间共享信息并且鼓励他们参与。

(8)我很清楚地表达清晰的,有激励作用的,和团队短期目标一致的,并且团队能够实现的愿景。

当我是团队成员角色时:

(9)我知道一些能够促进团队任务完成的方法。

(10)我知道一些方法可以在团队成员之间形成良好关系和凝聚力。

(11)我积极面对并且帮助消除其他团员的消极行为或有害行为。

(12)当团队需要改进时,我会从促进任务完成的角色转向帮助团队成员建立信任关系的角色。

当我期望我的团队能更好地工作时,无论我是团队的领导还是团队成员:

(13)我对大多数团队发展的不同阶段很熟悉。

(14)我帮助建立团队期望和目标,同时帮助团队成员在团队建立之初彼此感到舒服。

(15)我鼓励团队成员认同团队的成功就是他们自己的成功。

(16)我帮助团队成员认同团队愿景和团队目标。

(17)我帮助团队避免群体思维,保证在团队中有足够的多种多样的观点。

(18)我可以诊断团队的核心能力,并使之资本化。

(19)我鼓励团队逐步提高,同时也寻求迅速地变革。

(20)我鼓励远超过期望的高绩效和结果。

这个量表考察了你三方面的技能:领导团队的技能,作为团队成员的技能和诊断团队问题促进团队发展的技能。你可以从两个不同的标准来评价你的成绩。一个标准是参照整个量表的最大可能得分,即 120 分。另外一个标准是参照由 500 名商学院学生组成的标准团体的分数。

95 分以及 95 分以上,则至少有 75% 的人的成绩比你低。

82～94 分,则你的得分在 50%～75%。

68～81 分,则你的得分在 25%～50%。

低于 68 分,那么最多有 25% 的人的成绩比你低。

五、团队领导能力自测

请在下面各个项目上选出和你最相匹配的数字。

非常同意　同意　一般　不同意　非常不同意

　　1　　　2　　　3　　　4　　　5

(1)我清楚地意识到参加会议时我的强项和局限。　　　　　5 4 3 2 1

(2)为了团队的利益我把我自己的需要和目标放在了一边。　5 4 3 2 1

(3)即使我不是团队正式的领导者或者团队工作的推动者,我都会发动和监控团队工作的进程,帮助我所在的团队保持积极状态,帮助团队成员为团队目标努力工作。

　　　　　　　　　　　　　　　　　　　　　　　5 4 3 2 1

(4)我密切关注和辨认团队成员口头提供,或者非口头提供的重要线索。

　　　　　　　　　　　　　　　　　　　　　　　5 4 3 2 1

(5)我给团队成员一些行为反馈,这些反馈可以帮助他们识别问题行为,并进行适当调整。　　　　　　　　　　　　　　　　　5 4 3 2 1

(6)我表扬团队成员时,我会通过让团队成员负责处理我精心选择过的问题,并避免授权不够。　　　　　　　　　　　　　　　　5 4 3 2 1

(7)我用我自己的工作方式允许团队改善它的做事程序,但是依旧鼓励全体队员的参与。　　　　　　　　　　　　　　　　　　5 4 3 2 1

（8）我熟知各种解决问题和做出决定的工具，并在团队建设中适当运用。

5 4 3 2 1

（9）我理解群体动力，并能够在会议中管理和控制群体动力。　　5 4 3 2 1

（10）我知道在团队发展的四个阶段中每个阶段都分别有哪些常见的行为和感情，并相应地采取适当的技术和措施。　　5 4 3 2 1

（11）我知道在团队会议中有用的各种工具。　　5 4 3 2 1

（12）如果会议期间，团队成员开始不合作、对抗，我会暂停会议，或者提前结束会议，因为即使是继续会议，也是非生产性的，没有意义的。　　5 4 3 2 1

（13）我对于哪些工作需要促进保持一种开放的态度。　　5 4 3 2 1

（14）我会和团队成员共享我对团队成员的观察结果，以便判断我的观察是否正确。

5 4 3 2 1

（15）在团队建立早期，我的工作风格是任务倾向的，带有强制意味的。

5 4 3 2 1

（16）对于团队中的"问题成员"，我会采取一定的策略来处理。　　5 4 3 2 1

（17）当我在促进一个讨论时，我是客观的。　　5 4 3 2 1

（18）在团队的第一次会议上，我组织讨论团队成员的角色，也包括我自己的角色。

5 4 3 2 1

如果你的得分在54分及其以上，那么你就应该考虑为提高你自己的领导团队的技能做一个行动计划。

六、团队健康度测试

对于一个组建好的团队、一个运行中的团队，人们都希望有一种办法来了解自己的团队的现状，特别是想知道可以从哪些方面去评价一个团队，以及自己的团队在这些方面的具体表现如何。

一般地，我们可以从以下五个方面来评价自己团队的健康度：

成员共同领导的程度：指一个团队的每一个成员都可以并有义务分享一份领导责任，一个团队是大家共同来领导的。如果一个团队是独裁专制性的，那它的健康水平也就很低。

团队工作技能：这是指团队成员在一起工作相处的技巧。

团队氛围:这是指团队成员共处的情绪的和谐度和信任感。

凝聚力:指团队成员对目标的一致性。

团队成员的贡献水平:指的是团队成员为实践自己的责任所付出的努力和成就程度。

也就是说,管理者在建设团队方面,应当考虑从这五个方面人手,如果一个团队在这几个方面都很出色,那它也就会是一个很优秀的团队,也就必定是一个高绩效的团队。下面的问卷是一个简单的对团队健康度的诊断。

请用1~4分评定下列各种陈述是否符合你所在的团体。

1不符合　2偶尔不符合　3基本符合　4完全符合

以下是25个问题,请按照上述标准填写;

(1)每个人有同等发言权并得到同等重视。

(2)把团队会议看作头等大事。

(3)大家都知道可以互相依靠。

(4)我们的目标,要求明确并达成一致。

(5)团队成员实践他们的承诺。

(6)大家把参与看作是自己的责任。

(7)我们的会议成熟,卓有成效。

(8)大家在团队内体验到透明感和信任感。

(9)对于实现团队目标,大家有强烈一致的信念。

(10)每个人都表现出愿意为团队的成功分担责任。

(11)每个人的意见总能被充分利用。

(12)大家都完全参与到团队会议中去。

(13)团队成员不允许个人事务妨碍团队的绩效。

(14)我们每个人的角色十分明确,并为所有的成员接受。

(15)每个人都让大家充分了解自己。

(16)在决策时我们总是请适当的人参加。

(17)在团队会议上,大家专注于主题并遵守时间。

(18)大家感到能自由地表达自己真实的看法。

(19)如果让大家分别列出团队的重要事宜,每个人的看法都十分相似。

(20)大家都能主动而有创造性地提出自己的想法和考虑。

(21)所有的人都能了解充分的信息。

(22)大家都很擅长达成一致意见。

(23)大家相互尊敬。

(24)在决策时,大家能顾全大局,分清主次。

(25)每个人都努力完成自己的任务。

$$A=1+6+11+16+21$$
$$B=2+7+12+17+22$$
$$C=3+8+13+18+23$$
$$D=4+9+14+19+24$$
$$E=5+10+15+20+25$$

1~25 条目共分成 5 项内容,在上面分列为 A、B、C、D、E 共五栏。把各栏中所标题目的相应评分累加起来,就可以得到在各栏项目上的分数。它们的含义分别是:A 共同领导,B 团队工作技能,C 团队氛围,D 团队凝聚力,E 成员贡献水平。

每一项的满分是 20 分,每项的得分越高越好。比较所在团队不同方面的得分,就可以粗略地了解自己团队的长短。如果让所在团队的每一个成员都做以上评定,就可以得到两种结果:一个是得到团队成员对团队的总体评价化的评价;二是可以比较总体评价和每一个团队成员的评价,了解每一个人与其他人的看法的差距。这些结果都可以应用于团队建设的具体设计中去。

七、团队成功度评估

用这个工具的项目可以评估团队的成功程度。

用下面的量表对每个项目进行记分,用 1~5 点记分制。你认为该队在下列项目上的成功度如何?

1 完全不成功(低于预期),2 有些成功(低于预期),3 中度成功(符合预期),4 相当成功。5 非常成功。

(一)目标因素

(1)团队成员理解目标和团队工作范围。

(2)团队成员承诺与团队目标。

因素分＝总分/2

（二）团队绩效管理因素

（3）个人角色、责任感、目标和期望行为是特定的、富有挑战的并被团队成员所接受。

（4）团队目标和期望绩效是特定的、富有挑战的并被团队成员接受。

（5）团队工作量在成员之间的分配基本公平。

（6）团队中的每个人都做好他们的分内事。

（7）我的团队中没有人依赖于其他团队的成员完成。

（8）几乎团队中所有成员对工作的贡献是均等的。

因素分：总分/6

（三）团队基础因素

（9）我的团队有承担任务的足够成员（规模适中既能彼此交流又能完成所有工作量）

（10）团队作为一个整体拥有实现目标所需的能力。

（11）成员拥有实现团队目标的能力。

因素分：＝总分/3

（四）团队过程因素

（12）我的团队能解决问题和进行决策。

（13）我的团队能鼓励建设性冲突，抑制破坏性冲突。

（14）团队成员能交流、倾听并给出建设性反馈。

（15）团队会议进行得很有效。

（16）我的团队成员非常愿意与其他团队的成员分享工作有关信息。

（17）成员通过合作开展工作。

（18）我所在的团队给了我为团队工作的机会并能为其他团队成员提供支持。

（19）我的团队增加了我进行积极社交往来的机会。

（20）必要时我们团队成员能相互帮助。

因素分：＝总分/9

（五）团队精神因素

（21）成员对团队有效运行抱有极大信心。

(22)团队能承担并完成所分配的任务。

(23)团队富有热情。

(24)团队士气很高。

(25)团队发展的规范有利于团队机制和业绩。

(26)成员为团队的利益投入精力到团队活动中

因素分＝总分/6

(六)团队产出因素

(27)团队取得可测量成果。(如果有客观定量化的测量尺度)

(28)团队的产出与服务质量符合或超出客户的期望。

(29)团队以保存可持续发展能力的方式开展工作。

(30)总体而言,在团队的经历能满足而不是挫伤成员个人需要。

因素分＝总分/4

(七)团队学习因素

(31)我们花费时间来思考团队进步的方式。

(32)团队成员经常提出要检验正在讨论的问题的假设。

(33)成员从他人处能获得所有必需的信息。

(34)某人总是要确保我们对团队工作过程的思考。

(35)团队作为一个整体,当它进步时,要求反馈。

(36)团队积极地总结自己的进步和业绩。

因素分＝总分/6

每一个因素得分若是 4 分或 5 分表示相当成功,得 3 分表示符合期望,得 2 分或 1 分表示这方面需加强。你可以总体考虑 7 个因素以获得有关团队的综合评价。通过每个因素或其中的某些项目,你可能又学到一些有效团队的行动方式。

(八)团队行为和价值观的测量(TOBI, team orientation and behavior inventory)

工作团队是组织的重要组成部分,是组织的下级组织,团队领导是联络其他组织和本团队的人。Benne 和 Sheets 发现团队成员担任一定的社会角色,影响其他成员的行为。他们鉴别出三类主要角色:任务角色,完成任务必需的角色;关系角色,增进互相支持的气氛和团队合作的角色;个人角色,满足他们自己需要的角色。并且认为有效的团队要求平衡任务角色和关系角色,最小化个人角色。他们的分析为建设团队奠定了基础:团队发展就是分析团队任务角色和关系角色的相对强度,以便进一步地建立、保持、继续两者之间的充分平衡,这样就可以使团队的潜力发挥到极致。

一个人可能有强烈的任务倾向的价值观,但是对于建立有效团队的任务倾向的技能可能很差,如设置议程、总结、整合各种观点,或者是他对完成任务的角色不是很重视,认为团队和团队会议都是浪费时间,这样的人需要发展任务技能,而且这些技能也是团队成员相互协作所必需的。

相似的,我们也可以对关系倾向的价值观和技能做相应的分析。团队成员可以评价团队给的支持和合作程度,也应该有增加关系的技能,比如,确认感情。而实际上,认为关系很重要,但本身缺少这方面技能的人要多于拥有技能但认为关系不重要的人。一个高效的团队领导者应以关系和任务都重要,并且在这两方面有很高的技能。

训练和咨询经常失败是因为他们把要解决的问题看成是缺少技能,而没有考虑团队成员价值观的问题。实际上团队的表现形式可能是这样的:低的价值观,低的技能。如果只是考虑增强技能,而没有考虑改变价值观,那么也是白费劲的,因为价值观的改变才是根本,价值观是行动的动力和方向。

TOBI 问卷可以用于:①评估团队和个人是任务倾向还是关系倾向,以及两方面的技能。②评估和比较不同团队在这些方面的不同。

指导语:这个工具可以帮助你了解你对团队以及工作群体的态度和你在这些群体中的行为。答案没有对错之分。如果你对于每一个项目能尽可能地真实坦白反应,你就可以更多地了解你自己。不要花太多的时间来选择答案,根据第一反应来回答就可以了。运用下面的量表,选择相应的数字来表示你在这个项目上的符合程度,或者说这个项目在多大程度上和你相符。

1. 非常不同意(非常不像我)

2. 不同意(不像我)

3. 有点不同意(有些不像我)

4. 不确定(像我又不像我)

5. 有点同意(有点像我)

6. 同意(像我)

7. 非常同意(非常像我)

(1)当我试图和团队中的其他成员达成一个妥协方案时,我经常会失败。

7 6 5 4 3 2 1

（2）我能够保证团队在做出决定时有相关资料可以利用。   7 6 5 4 3 2 1

（3）我发现总结团队成员的各种观点是一件困难的事情。   7 6 5 4 3 2 1

（4）我相信团队成员之间的积极情感对于团队成就是很关键的。 7 6 5 4 3 2 1

（5）在我的团队中,总结各种观点或问题经常是很重要的。   7 6 5 4 3 2 1

（6）我认为,为了工作有效,团队成员必须注意团队中发生的事情。

   7 6 5 4 3 2 1

（7）我能够表达我对团队中其他成员的兴趣和支持。   7 6 5 4 3 2 1

（8）就我的观点来看,团队成员之间彼此支持和鼓励是很重要的。

   7 6 5 4 3 2 1

（9）我可以有效地确定一个议程,并能提醒团队其他成员。   7 6 5 4 3 2 1

（10）我特别擅长观察团队中其他成员的行为。   7 6 5 4 3 2 1

（11）当团队陷入泥沼或困境时,如果有人阐明他的目标,或者目的经常是对解决问题有帮助的。   7 6 5 4 3 2 1

（12）我经常保持团队集中在当前的工作上。   7 6 5 4 3 2 1

（13）我认为测试团队成员的责任感是群体决策中最重要的。   7 6 5 4 3 2 1

（14）从我的观点来看,总结团队中发生的事情通常是不必要的,是多余的。

   7 6 5 4 3 2 1

（15）我为团队所做贡献中,其中一件就是我能够提供支持,并能够鼓励其他成员。

   7 6 5 4 3 2 1

（16）我想就团队的功能来说,检查假设是不必要的。尽管这些假设是团队决策的基础。   7 6 5 4 3 2 1

（17）对于我来说,评估我所在团队进展如何是一件很难的事情。 7 6 5 4 3 2 1

（18）就我的观点来看,如果工作群体限制他们的讨论要和项目相关,工作群体是最有生产性的。   7 6 5 4 3 2 1

（19）我相信对于团队来说,定期评估和反思团队的工作是一件浪费时间的事情。

   7 6 5 4 3 2 1

（20）我认为,在团队成员开始工作之前,他们同意要遵循程序原则,这是很重要的。

   7 6 5 4 3 2 1

（21）为了有效,团队成员必须一起参与团队活动,要注意到团队程序的有效性。

   7 6 5 4 3 2 1

(22) 对于我来说,清晰地说出其他团队对某个问题的看法是一件非常困难的事情。

7 6 5 4 3 2 1

(23) 在做出最后决定之前,我可以有效帮助并保证团队所有成员都有机会表达自己的观点。

7 6 5 4 3 2 1

(24) 我相信团队成员对团队工作开展如何的态度是藏在心里的。

7 6 5 4 3 2 1

(25) 我很熟悉如何帮助其他团队成员分享他们对发生事情的看法和态度。

7 6 5 4 3 2 1

(26) 我通常能够帮助团队提议做可行性分析。 7 6 5 4 3 2 1

(27) 我认为处理团队中的不同观点是浪费时间。 7 6 5 4 3 2 1

(28) 我通常清楚地意识到群体动力的存在。 7 6 5 4 3 2 1

(29) 我不认为所有团队成员的参与是重要的,只要最后的协议达成就可以了。

7 6 5 4 3 2 1

(30) 我可以很熟练地组织团队有效地工作。 7 6 5 4 3 2 1

(31) 为了团队有效地工作,我认为团队成员必须和团队其他成员公开分享他们对团队工作的看法和态度。

7 6 5 4 3 2 1

(32) 我的观点认为团队成员分享对团队工作的看法和态度是浪费成员的时间。

7 6 5 4 3 2 1

(33) 当团队工作离开主题时,我通常提醒其他团队成员关注团队任务。

7 6 5 4 3 2 1

(34) 我做得好的事情之一就是我向其他团队成员征求建议。 7 6 5 4 3 2 1

(35) 发现其他成员观点的主要内容是我特别擅长的。 7 6 5 4 3 2 1

(36) 我认为我的团队能坚持日程是很重要的。 7 6 5 4 3 2 1

(37) 就我的观点来看,不能消除团队成员之间的混乱会导致团队的失败。

7 6 5 4 3 2 1

(38) 我认为能让团队所有成员讲出自己的观点是很重要的。 7 6 5 4 3 2 1

(39) 对于我来说,总结团队其他成员的观点不是一件容易的事情。

7 6 5 4 3 2 1

(40) 我对团队的其中一个贡献是帮助其他成员彼此支持对方的观点。

7 6 5 4 3 2 1

(41) 如果团队过分关注团队结构建设,就会浪费时间。 7 6 5 4 3 2 1

(42)当团队内的不同意见不能解决时，达成一个妥协方案是很重要的。

7 6 5 4 3 2 1

(43)我可以有效地帮助团队建设性地解决团队成员间的不同意见。

7 6 5 4 3 2 1

(44)我在建立团队有序工作程序方面很有成效。　　7 6 5 4 3 2 1

(45)我认为只有对眼前的团队任务保持注意，团队工作才是有效的。

7 6 5 4 3 2 1

(46)我特别擅长帮助团队评估团队工作的质量。　　7 6 5 4 3 2 1

(47)我认为，对于团队来说，设立评估团队工作的质量的方法是很重要的。

7 6 5 4 3 2 1

(48)我发现向其他团队成员表达我的观点和传达信息是很容易的事情。

7 6 5 4 3 2 1

(49)我的观点认为探究意见和看法是有效团队的一个特征。　7 6 5 4 3 2 1

(50)我认为有建设性的解决团队成员间的不同对于团队是很关键的。

7 6 5 4 3 2 1

(51)我认为团队成员彼此理解对方的观点是很重要的。　7 6 5 4 3 2 1

(52)我很擅长在团队会议上，使沉默寡言的成员有机会表达出自己的观点。

7 6 5 4 3 2 1

(53)我认为团队成员间的交互作用是团队要解决的重要问题。　7 6 5 4 3 2 1

(54)在开会时，我很少自愿陈述我对团队工作的态度。　7 6 5 4 3 2 1

(55)我的团队偏离当前的任务时，我很难中断其他团队成员的活动，使他们重新回到当前的任务。　　7 6 5 4 3 2 1

(56)我能够清楚地重申在团队中表述的观点。　7 6 5 4 3 2 1

表 10-4 把你的分数从答题表直接转化为计分表。

表 10-4 TOBI 计分表

任务倾向				关系倾向			
价值观		技能		价值观		技能	
项目	得分	项目	得分	项目	得分	项目	得分
5		3		4		1	*
11		9		6		2	
14		12		8		7	
18		17		13		10	
19	*	30	*	16		15	
20		33		21		22	*
32		34		24	*	23	
26	*	39		27		25	
38		40	*	29	*	26	
41	*	44		31	*	28	*
45		46		37	*	35	
47		48		42		43	
49	*	55		50		52	
53		56	*	51		54	*
总分		总分		总分		总分	

带 * 要反向记分,按照下面的规则转换。1＝7,2＝6,3＝5,4＝4,5＝3,6＝2,7＝1。即选择"1"则给 7 分,而选择"7"则给 1 分。

TOBI 的分数可以在图 10-1 中寻找到相应的位置。

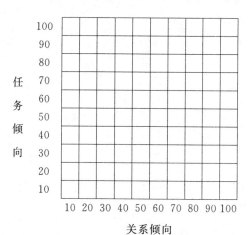

图 10-1 TOBI 坐标

首先，先找到两个分数交叉的点。例如，任务倾向的得分是 40，关系倾向的得分是 35，则在水平坐标轴上找到 35，在纵坐标轴上找到 40，两者交叉的地方就是要找的点。同样的做法，找到任务倾向技能和关系倾向技能交叉的点。现在这两个点就可以直接对比了。他们水平很接近还是差距很大？这些分数还可以在团队成员间直接对比，通过对比可以发现哪些成员更多地关注任务，哪些更关注关系。

→ 参考文献

[1] 陈忠卫.团队管理理论述评.经济学动态,1999(8):64～67

[2] 何瑛.虚拟团队管理:理论基础,运行机制与实证研究.北京:经济管理出版社,2003

[3] 胡丽芳,张焕强.团队管理实务.深圳:海天出版社,2004

[4] 迈克尔·科伦索.团队业绩改善策略——如何加快团队发展与提高团队业绩.北京:经济管理出版社,2003

[5] 梅雷迪司·贝尔滨.管理团队:成败启示录.北京:机械工业出版社,2001

[6] 尼基·海斯.成功的团队管理.北京:清华大学出版社,2002

[7] 尼克·海伊斯.协作制胜——成功的团队管理.大连:东北财经大学出版社,1998

[8] 《全球一流商学院EMBA课程精华丛书》编委会.领导力与团队建设.北京:北京工业大学出版社,2003

[9] 斯蒂夫·史密斯.打造团队:团队改进的现成工具.上海:世纪出版集团,2003

[10] 孙海法.领导策略与团队管理.广州:中山大学出版社,2003

[11] 孙健敏,王青.团队管理.北京:企业管理出版社,2003

[12] 袁和平.团队管理.深圳:海天出版社,2002

[13] 赵春明.团队管理:基于团队的组织构造.北京:人民出版社,2002

图书在版编目(CIP)数据

团队管理:成就卓越的基石 / 苗青编著. —杭州:
浙江大学出版社,2014.9(2020.1重印)

ISBN 978-7-308-13831-4

Ⅰ.①团… Ⅱ.①苗… Ⅲ.①企业管理—组织管理学
—教材 Ⅳ.①F272.9

中国版本图书馆 CIP 数据核字(2014)第 210356 号

团队管理:成就卓越的基石

苗 青 编著

责任编辑 朱 玲

封面设计 春天书装

出版发行 浙江大学出版社

（杭州市天目山路 148 号 邮政编码 310007）

（网址：http://www.zjupress.com）

排 版 杭州中大图文设计有限公司

印 刷 临安市曙光印务有限公司

开 本 787mm×1092mm 1/16

印 张 12

字 数 220 千

版 印 次 2014 年 9 月第 1 版 2020 年 1 月第 5 次印刷

书 号 ISBN 978-7-308-13831-4

定 价 32.00 元